Conducta Cristiana en Práctica

Compromisos Sutiles

Edición Original Completa

JOE CREWS

LS Company

LS Company

Copyright ©2023

ISBN: 978-1-0882-1681-1

Dedicación

Para todas aquellas personas que anhelan servir a Cristo a través de una buena conducta Santificadora. Si ese es tu deseo, este libro será un recurso poderoso para tu crecimiento.

Tabla de Contenido

Introducción vi

Entendiendo una correcta conducta cristiana 1

Capítulo Uno
Nuestro Enemigo: El Mundo 2
Capítulo Dos
¿Es Modestia la Desnudez? 22
Capítulo Tres
Doble Norma Expuesta 37
Capítulo Cuatro
Moda Unisexo 50
Capítulo Cinco
Cosméticos Coloridos y Joyas I 61
Capítulo Seis
Cosméticos Coloridos y Joyas II 72
Capítulo Siete
Cosméticos Coloridos y Joyas III 90
Capítulo Ocho
La Trampa de la Televisión 100
Capítulo Nueve
Legalmente Unidos 115
Capítulo Diez
La Música y su Influencia 126

Capítulo Once
Carne o no Carne... 135

Capítulo Doce
Las Comidas y los Principios 146

Capítulo Trece
Echando a Perder su Testimonio... 155

Capítulo Catorce
Amor o Legalismo... 168

Introducción

El asunto de las normas cristianas es probablemente una de las doctrinas más descuidadas en la iglesia moderna. Muy poco se ha escrito hasta el presente que pueda proporcionar aun la más elemental instrucción en esta área vital. Sólo se han escrito unos pocos libros y folletos relacionados con los principios básicos y prácticos que podrían ayudarnos a ver la diferencia entre la vida cristiana y la mundana.

La razón para esta renuencia a escribir acerca de estos asuntos relacionados con la conducta cristiana radica probablemente sobre dos temores. Primero, el temor de ofender a la gran mayoría de los miembros de la iglesia que están viviendo muy por debajo de las normas bíblicas. Segundo, el temor de ser tildado de juzgador, legalista, de creerse más santo que los demás.

Nos vemos forzados a reconocer que estos temores han sido a menudo justificados. Se ha escrito mucho con espíritu de fariseísmo. Satanás ha sacado ventaja de los puntos de vista fanáticos que fueron expresados por unos pocos y los han usado para intimidar a los que podrían escribir con moderación sobre este asunto. Y muy a menudo en su odio extremo contra esta verdad. Satanás ha logrado que muchos en la iglesia consideren cualquier discusión de las normas cristianas como extremista e impropia.

Estos factores se han combinado para crear una escasez de material sobre este tema. Por esta razón, sino por alguna otra, existe una tremenda necesidad de educar a la iglesia en equilibrados principios de conducta, principios que en ninguna manera estén en pugna con los hermosos conceptos de la justificación por la fe, los cuales deberían ser el fundamento del *[5]* estilo de vida de todo verdadero cristiano.

Debemos también admitir que muy poco debiera ser necesario decirse sobre este asunto. Después de todo, no son las obras el medio de ganar salvación. Somos salvos por la gracia, por medio de la fe, y no por los méritos obtenidos por las obras, la obediencia o despliegue exterior de buena conducta de nuestra parte. Poner demasiado énfasis en estas cosas exteriores podría fácilmente dar lugar a pensar que estamos negando la justificación por la fe.

Obviamente, al tiempo en que este libro se escribe no hay énfasis exagerado acerca de este asunto a nivel de la iglesia. Solamente se escuchan ocasionalmente voces aisladas acerca de este tema. Por otra parte hay un resurgimiento espectacular de la predicación acerca de la doctrina de la justificación por la fe, lo cual está correcto. Cuando se predique esta gran verdad en el marco apropiado se verá que la gran necesidad de la iglesia hoy es la de conocer más acerca de la experiencia real de la justificación y la santificación. Pero al presentar estas profundas verdades espirituales de la salvación, nada debería decirse para rebajar la importancia de la obediencia. Algunos parecen casi incapaces de mantener el hermoso equilibrio de la fe y las obras. ¡PERO ESTO ES MUY IMPORTANTE Y NECESARIO! El comprender mal la gracia o las obras es arruinar la experiencia y deshacer el testimonio personal.

Algunos podrían objetar que un libro como éste no es necesario ya que la conducta exterior es un crecimiento natural y espontáneo de la conversión a Cristo. Por lo tanto, la vida producirá automáticamente el fruto de la verdadera obediencia y la justicia. Pero, ¿es esto totalmente cierto? Es verdad que las acciones brotan de la actitud interna de la conversión, pero también se necesita instrucción aun para los cristianos más consagrados.

Muchas personas convertidas guardan el domingo y fuman [6] cigarrillos simplemente por que nadie les ha explicado las objeciones bíblicas con respecto a estas acciones. ¿Llegamos a ser legalistas al enseñar a esas personas que deben cambiar su conducta en base a lo que dice la Palabra de Dios? Entonces, ¿sería un error hablar con respecto a otras áreas de conducta que requieran una armonización con la Biblia?

Debemos hacer una observación final antes de que usted empiece a leer las páginas siguientes. La doctrina de las normas cristianas es solamente para personas espirituales. Este libro no ha sido escrito para los inconversos. En verdad, parecerá solamente como una gran cantidad de locuras a los no adventistas. Por favor, no trate de imponer las cosas presentadas en este libro a los miembros de su familia o a sus amigos que no hayan experimentado la regeneración. Se nos aconseja especialmente no forzar a ningún inconverso a sujetarse a las normas relacionadas con la manera de vestir. Escuche esta amonestación:

> "No es posible para usted cambiar el corazón. Y el usar un estilo diferente de vestido no logrará esto. La dificultad radica en que la iglesia necesita convertirse diariamente... Aquellos que se aventuran a desobedecer las más claras enseñanzas de la inspiración no prestarán atención a ningún esfuerzo humano hecho para inducirlos a usar un vestido sencillo, limpio, apropiado y sin adornos... Para aquellos que hacen el yo su ídolo, nada podría presentarse en la línea de las pruebas humanas, pues, ello solamente les daría una excusa para dar el salto final hacia la apostasía." Our Health Message, pp. 429, 430.

Aplique los principios de este libro a su propia vida. Algunos de ellos raramente han sido publicados antes. Refrene el impulso de llamarlos fanáticos hasta que haya terminado de leer todo el libro y le haya pedido a Dios que le muestre lo que debe hacer con respecto a ellos en el atardecer de la última puesta de sol en la tierra. *[7]*

Compromisos Sutiles

Entendiendo una correcta conducta cristiana

Capítulo Uno
Nuestro Enemigo: El Mundo

> "No améis al mundo, ni las cosas que están en el mundo. Si alguno ama al mundo, el amor del Padre no está en él. Porque todo lo que hay en el mundo, la concupiscencia de la carne, y la concupiscencia de los ojos, y la soberbia de la vida, no es del Padre, mas es del mundo." 1ra de Juan 2:15, 16.

El mundo está hoy en un estado increíble de fusión y cambios. Los puntos de vista y valores tradicionales han sido alterados y casi trastornados en un tiempo relativamente corto. Bajo la influencia adormecedora de la televisión y de los medios electrónicos sumamente movibles, las mentes han sido manipuladas, se han establecido normas de pensamiento y se han dictado decisiones. Y muchos de los millones de seres humanos presionados de esta manera han rendido ciegamente a las poderosas agencias artificiales que fueron usadas para cambiar su modo de pensar y sus normas morales. No hay ninguna duda de que Satanás está tirando las cuerdas y dirigiendo las sutiles fuerzas destinadas a destruirnos espiritualmente. Bajo la influencia hipnotizante de estas fuerzas, la mente de los cristianos ha sido lavada con tanto éxito como las de los más irregenerados pecadores.

Nuestra única seguridad radica en reconocer las hábiles simulaciones del enemigo. Se han colocado alrededor nuestro un millar de trampas mortales bien disfrazadas. Casi imperceptiblemente nuestra manera de pensar ha sido afectada por lo que vemos y oímos. Las convicciones espirituales se han debilitado y desaparecido totalmente. La fina sensibilidad que discierne el pecado ha sido embotada por la continua exposición a las aparentemente inocentes influencias de nuestra sociedad acosada incansablemente.

En las Escrituras estas armas de asalto de Satanás se denominan simplemente como "el mundo." Y nadie podrá decir [8] que no hemos sido amonestados contra sus efectos desmoralizadores. Pablo, Santiago, y Juan escribieron con dramática urgencia acerca de los peligros en colaborar con el mundo:

> "No améis al mundo, ni las cosas que están en el mundo. Si alguno ama al mundo, el amor del Padre no está en él. Porque todo lo que hay en el mundo, la concupiscencia de la carne, y la concupiscencia de los ojos, y la soberbia de la vida, no es del Padre, mas es del mundo." 1ª de Juan 2:15, 16.

"Adúlteros y adúlteras, ¿no sabéis que la amistad del mundo es la enemistad con Dios? Cualquiera pues que quiera ser amigo del mundo, se constituye enemigo de Dios." Santiago 4:4

"Si fuerais del mundo, el mundo amaría lo suyo; mas porque no sois del mundo, antes yo os elegí del mundo, por eso os aborrece el mundo." Juan 15:19.

"Por lo cual, salid de en medio de ellos, y apartaos, dice el Señor, y no toquéis lo inmundo; y yo os recibiré." 2ª de Corintios 6:17.

"Que se dio a sí mismo por nosotros para redimirnos de toda iniquidad, y limpiar para sí un pueblo propio, celoso de buenas obras." Tito 2:14.

Estos escritores tuvieron una obsesión inspirada para exponer el error mortal de mezclar lo sagrado con lo profano. Ellos nos dicen a una voz: "No améis al mundo Vosotros no sois del mundo. Salid del mundo y sed un pueblo peculiar y separado." Estos textos no deben ser interpretados como órdenes para abandonar las ocupaciones físicas del mundo. Obviamente, ellos nos están amonestando contra ciertas influencias, costumbres e ideas que serían altamente perjudiciales a las normas de la vida cristiana. Además, Jesús mismo indicó que las cosas del mundo podrían presentarse *[9]* completamente inocentes a la vista de los hombres. El estableció un principio eterno cuando dirigió estas palabras a los fariseos: "Porque lo que los hombres tienen por sublime, delante de Dios es abominación." (Lucas 16:15 u.p.)

Estudiad esta declaración cuidadosamente. Cristo quiere decir aquí que las cosas más honradas y respetadas por los hombres en la sociedad constituyen los más grandes enemigos de la verdad. El está indicando que su pueblo debería estar en el lado opuesto de las prácticas prevalecientes en el mundo. ¿Tenemos una idea de lo que significa tomar una posición tal? No es fácil situarse en contra de las opiniones sinceras enunciadas por representantes populares de la nación. Además, habrá un apoyo pleno de los grandes sistemas de las iglesias populares para dar aún mayor crédito a las cosas que son "altamente estimadas entre los hombres." Esta manera equivocada de vivir será tan claramente considerada como correcta que una pequeña desviación de ella será mirada como estúpida e irracional. E. G. de White explica esto así:

> "Cuando alcancemos la norma que el Señor espera que alcancemos, los mundanos considerarán a los adventistas como raros, excéntricos, extremistas, estrechos." Fundamentals of Christian Education, p. 289.

Esto nos lleva a otra pregunta más importante: ¿Qué efecto tendrán sobre la iglesia remanente estos hechizadores acercamientos disfrazados? El propósito estudiado de nuestro gran enemigo es el de hacer aparecer el pecado inobjetable y si es posible lograr que se infiltre en el campo de los santos. La gran ciudadela de la fortaleza, el último baluarte de defensa que se levanta contra el inicuo es la simiente de la mujer. De acuerdo con Apocalipsis 12:17, "El dragón fue airado contra la mujer; y se fue a hacer guerra contra los otros de la simiente *[10]* de ella, los cuales guardan los mandamientos de Dios, y tienen el testimonio de Jesucristo."

Satanás odia la ley de Dios, El odia el Sábado. Y él odia a los que están en el portillo defendiendo la validez de esa ley. A través de los siglos el diablo ha inventado armas especiales para usarlas contra el pueblo de Dios. Esas armas han variado de generación en generación. A menudo el agudo filo de la persecución se ha tornado en contra del pequeño remanente que ha permanecido leal a los mandamientos de Dios.

La persecución y la sentencia de muerte vendrán al escenario de nuevo cuando el diablo desate con desesperación lo que tiene reservado contra la verdadera iglesia. El sabe que este es el enfrentamiento de vida o muerte que pondrá fin a los argumentos de la gran controversia para siempre. Esta vez no pasará por alto ninguna ventaja. Confiando en su habilidad sicológica de 6,000 años de experiencia en tratar de dominar la mente humana, ha comenzado un plan operacional de debilitamiento contra el pueblo que él aborrece. Este plan consiste en debilitar gradualmente las defensas espirituales de los adventistas del séptimo día, a través de compromisos con el mundo. Esta es la última arma que Satanás ha diseñado inteligentemente para minar la fe de todos los miembros de la iglesia remanente.

¿Cuán exitosa será? ¿Cuántos serán lanzados fuera en la crisis que se avecina por haberse entregado a las cosas del mundo? No tenemos que sorprendernos. La respuesta nos ha sido dada vez tras vez a través del Espíritu de Profecía. Es una respuesta desagradable, y nos gustaría creer que no es verdadera. Pero, léala y maravíllese:

"Yo diría que estamos viviendo en el tiempo más solemne. En la última visión de que tan solo una pequeña porción de aquellos que ahora *[11]* profesan la verdad serán santificados por ella y serán salvados. Se conformarán con el mundo, acariciaran ídolos, y llegarán a estar espiritualmente muertos." Testimonies, Vol. 1, pp. 608-609.

¡Cuán increíble! La gran mayoría de aquellos que ahora se regocijan en la verdad abandonarán su fe y se perderán. Se perderán porque "se adaptan a las costumbres del mundo." Los estilos de vida aparentemente inocentes, altamente estimados e insidiosos de Satanás, los desarmarán, los debilitarán y finalmente los destruirán. Otra afirmación es todavía más específica: "La gran mayoría de aquellos que ahora parecen genuinos se verá que son en realidad sólo vil metal." Testimonies, Vol. 5 p. 136.

La estrategia de debilitamiento del enemigo está descrita claramente por E. G. White en estas palabras:

"No está lejos el tiempo en que cada alma será probada. Se procurará imponernos la observancia del falso día de reposo. La contienda será entre los mandamientos de Dios y los de los hombres. Los que hayan cedido paso a paso a las exigencias mundanales y se hayan conformado a las costumbres del mundo, cederán a las autoridades, antes que someterse al ridículo, los insultos, las amenazas de encarcelamiento y la muerte. En aquel tiempo el oro quedará separado de la escoria. La verdadera piedad se distinguirá claramente de las apariencias de ella y su oropel. Más de una estrella que hemos admirado por su brillo, se apagará entonces en las tinieblas. Los que hayan asumido los atavíos del santuario, pero no estén revestidos de la justicia de Cristo, se verán en la vergüenza de su *[12]* propia desnudez." Profetas y Reyes, p. 140.

No pierda la línea en la que se describe la razón de esta apostasía en masa. "Los que hayan cedido paso a paso a las exigencias mundanales y se hayan conformado a las costumbres del mundo, cederán a las autoridades."

No solamente que la mayoría será sacudida fuera de la iglesia, sino que se volverá contra sus antiguos hermanos y llegará a ser la más amarga enemiga de la verdad.

"Conforme vaya acercándose la tempestad, muchos que profesaron creer en el mensaje del tercer ángel, pero que no fueron santificados por la obediencia a la verdad, abandonarán su fe, e irán a engrosar las filas de la oposición. Uniéndose con el mundo y participando de su espíritu, llegarán a ver las cosas casi bajo el mismo aspecto; así que cuando llegue la hora de la prueba estarán preparados para situarse del lado más fácil y de mayor popularidad. Hombres de talento y de elocuencia, que se gozaron un día en la verdad, emplearán sus facultades para seducir y descarriar almas. Se convertirán en los enemigos más encarnizados de sus hermanos de antaño. Cuando los observadores del sábado sean llevados ante los tribunales para responder de su fe, estos apóstatas serán los agentes más activos de Satanás para calumniarlos y acusarlos y para incitar a los magistrados contra ellos por medio de falsos informes e insinuaciones." El Conflicto de los Siglos, p. 666.

De nuevo estamos fascinados por la expresión "Uniéndose con el mundo... estarán preparados para elegir el lado más fácil y de mayor popularidad." Note que esta es una obra de preparación – "Estarán preparados..." Aquí se revela de nuevo el fantástico programa psicológico de Satanás para derribar las barreras morales. Compromisos con el mundo. Conformidad con el *[13]* mundo.

"La obra que la iglesia ha dejado de hacer en tiempos de paz y prosperidad, tendrá que realizarla en tiempos de terrible crisis, bajo las circunstancias más desalentadoras y prohibitivas. Las advertencias que la conformidad con el mundo ha silenciado y rehusado, deben ser dadas bajo la más fiera oposición de los enemigos de la fe. Y en aquel tiempo la clase superficial y conservadora cuya influencia ha estado continuamente retardando el progreso de la obra, renunciará a su fe, y echará su suerte con sus enemigos declarados hacia quienes sus simpatías se dirigían ya por mucho tiempo. Estos apóstatas manifestarán entonces la más amarga enemistad, haciendo todo lo que está en su poder para oprimir y calumniar a sus antiguos hermanos y para excitar la indignación contra ellos. Este día está justamente delante de nosotros" Testimonies Vol. 5, p. 463

La expresión, "conformidad con el mundo", vuelve otra vez a nosotros en esta declaración. Repetidamente hemos sido amonestados acerca de este ataque masivo de Satanás a través de la mundanalidad. Sin embargo, nosotros oímos muy poco acerca de este tema en particular. Millares de adventistas del séptimo día han estado ciegos a este plan estratégico del maligno. Algunos de nuestro pueblo han sido inducidos a creer que establecer principios sobre normas o estilos de vida es mero legalismo. Para ellos esto es simplemente buscar evasivas o juzgar mal. Esta es seguramente la manera de cómo Satanás los haría sentir. Ellos hablan y piensan mucho acerca de la prueba final sobre el verdadero día de reposo, pero no pueden ver cómo "EL RESULTADO DE LA PRUEBA ESTÁ DETERMINÁNDOSE AHORA MISMO."

Elena G. de White dice:

"Los que se unen con el mundo están recibiendo el molde del mundo y están preparándose para recibir la marca de la bestia. Aquellos que desconfían del yo, que están humillándose a sí mismos delante de Dios y que están [14] purificando sus almas por la obediencia a la verdad – éstos están recibiendo el molde celestial y preparándose para recibir el Sello de Dios en sus frentes." Testimonies, Vol. 5 p. 216.

La marca de la bestia será hecha obligatoria. Toda alma tendrá que tomar su posición del lado del verdadero sábado, o del lado de su falsificación, el domingo. Los adventistas del séptimo día tendrán que hacer frente a la sentencia de muerte por causa de su fe. Y, desgraciadamente, la mayoría no podrá permanecer de pie frente a la crisis. Mostrarán deslealtad a causa de sus anteriores compromisos y vacilaciones en lo relacionado con las normas cristianas. Al ceder gradualmente a las costumbres y modas del mundo, su fuerza de voluntad y decisión serán tan débiles que no podrán resistir la prueba. ¡Y este compromiso está en marcha ahora! En este mismo momento la gran mayoría de los miembros de nuestra iglesia están atados al mundo en tal grado que estarán perdidos cuando la marca de la bestia será hecha obligatoria.

Esta es la pregunta que me preocupa: ¿Estoy yo también atado al mundo como lo está la mayoría? ¿Cómo puedo estar seguro que no estoy siguiendo la corriente que ocasionará el gran sacudimiento en la iglesia? ¿Qué método diabólico, inteligentemente disfrazado, ha empleado Satanás para cegar los ojos de tantos del pueblo de Dios para que, finalmente ellos escojan el mundo en vez de la verdad? Debe ser por cierto la más refinada obra maestra de todas las que él ha empleado en contra de los santos. El pueblo que se ha distinguido por sus altas normas será tentado, por medio de arteros engaños, a abandonar su estilo de vida peculiar. El término medio de adventistas de hoy negaría con indignación que es mundano. La mayoría de nuestros miembros expresarían plena seguridad de que ellos no abandonarán su fe aun frente a la muerte. ¡SIN EMBARGO, ACABAMOS DE LEER QUE SI LO HARÁN! *[15]*

¿Qué significa esto? Significa que la mayoría de nuestros miembros estarán envueltos en la mundanalidad y ni siquiera se darán cuenta de ello. Se están gratificando en peligroso compromiso con el mundo, y piensan que esto es perfectamente inocente y aceptable. Han sido cegados de tal manera que no pueden reconocer las cosas mundanas que están haciendo.

¿Por qué no pueden ver que están envueltos con el mundo? Porque el descenso en las normas ha sido tan gradual que no se han percatado de lo que ha estado sucediendo. El plan del diablo no es que la iglesia abandone repentinamente su posición histórica contra la carne y el mundo. Es demasiado inteligente para pensar que anunciaremos públicamente que está bien que vayamos al cine, que usemos maquillajes y joyas, o que bebamos té o café.

Pero Satanás sabe cómo opera la mente bajo el poder de la sugestión y la asociación. Con infinita paciencia él introduce cuadros, palabras, ideas y prácticas que no pueden ser condenadas por sí mismas. De hecho, muchos de los "inocentes" ardides de Satanás no solamente son altamente estimados entre los hombres sino que tienen algunos rasgos y cualidades recomendables. Un perfecto ejemplo de estos artificios es la televisión. Y cuántos de nosotros hemos escuchado los convincentes argumentos a favor de mirar las buenas noticias, las películas documentales, los programas religiosos. Nadie puede decir que la consola de TV en la sala es una cosa mala en si misma. Tomada por si misma ésta es un hermoso mueble y una fuente de buena información.

Entonces comienza el proceso dominante del asalto psicológico en el cual Satanás es insuperable. Muy lentamente el discernimiento se va embotando por vistazos y raptos de comedias de dudosa moralidad, violencia, etc. La mente se adapta al nuevo nivel de ideas recibidas y casi imperceptiblemente empieza a tolerar la cambiante calidad de vista y de sonido. *[16]*

Dos declaraciones inspiradas nos ayudarán a ver cómo se desarrolla la obra del enemigo:

"Satanás se deslizará con ayuda de pequeñas cuñas que agrandarán la brecha a medida que penetren. Los artificios engañosos de Satanás serán introducidos en la obra especial de Dios para esta época." Mensajes Selectos, Tomo 2, p. 22:4.

"La obra del enemigo no es abrupta, al principio no es repentina ni sorpresiva; consiste en minar secretamente las fortalezas de los principios. Comienza en cosas aparentemente pequeñas..." Patriarcas y Profetas, p. 776:1.

Cuán importante es reconocer la dirección en la cual somos conducidos por una influencia particular. La manera en la cual las codornices son a menudo atrapadas nos provee una ilustración de las tácticas de Satanás. El trigo es colocado a varios pies lejos del lugar donde se ha armado la trampa para coger repentinamente la codorniz. Al principio los pájaros se acercan al buen trigo con cierto recelo, pero como no se percatan de ningún peligro sus temores se apaciguan.

Al siguiente día el trigo es puesto un poco más cerca de la trampa y los pájaros están menos cautelosos de los granos esparcidos. Día tras día el trigo es colocado un poquito más cerca de la trampa, hasta que la codorniz está completamente confiada de que no hay ningún peligro alrededor del hermoso trigo. Entonces, por supuesto, el grano es colocado en el interior de la trampa, y los pájaros continúan viniendo. Ellos confían ingenuamente que el buen alimento continúa bien y que la segura fiesta continúa sin peligro. Entonces caen en la trampa.

No estoy afirmando que las codornices deberían de parar de comer el trigo o que los cristianos deberían abandonar toda *[17]* actividad legítima. La cuestión es que deberíamos ser lo suficientemente cautelosos para darnos cuenta del rumbo en el cual estamos siendo conducidos y que deberíamos estar dispuestos para dejar aun las "buenas" cosas, si es que ellas nos están llevando en una dirección peligrosa en lo espiritual.

¿Pueden las buenas cosas conducirnos por rumbos errados? Ciertamente pueden. Los cristianos son inducidos a abandonar sus altas normas gradualmente, a menudo por un proceso de apariencia completamente inocente. Esta es la manera cómo el compromiso se ha introducido siempre en la iglesia. Satanás introduce una actividad que sólo es ligeramente objetable... De hecho puede ser que sea muy difícil definir exactamente por qué tal acción no es buena. Y porque la desviación es tan pequeña, nadie realmente quiere hacer de ella un tema de discusión.

Algunos miembros fieles de iglesia se sienten algo incómodos acerca del asunto, pero les desagrada decir algo por temor a ser tildados de fanáticos. Por eso deciden esperar hasta que haya un problema más grande antes de tomar una posición definida. Desafortunadamente nunca habrá un problema más grande. El diablo se asegura de que todos los pasos de compromiso sean muy pequeños. El sabe que difícilmente alguien tendría el valor de hacer una objeción sustancial a un mínimo grado de desvío.

Hubo un tiempo en el cual el argumento favorito del diablo era: "Todo el mundo lo hace." Aunque la juventud lo usa todavía ocasionalmente, una nueva expresión se ha lanzado al aire para justificar la conformidad con el mundo: "Un poquito está bien." El vestido está un poquito corto. La bebida sólo contiene un poquito de cafeína. El programa de TV muestra sólo un poquito de color. Y así podríamos seguir. *[18]*

Pareciera que no podemos aprender la lección de Lot cuando dejó a Sodoma. La mayor parte de nuestra familia rehusó dejar la ciudad condenada. El había perdido todas sus pertenencias por haber elegido vivir en aquel impío ambiente – su hogar, sus riquezas, sus hermosas hijas. Pero cuando los ángeles le urgieron a huir hacia las montañas, él les rogó que le permitieran trasladarse a otra ciudad. Y su razonamiento fue: "¿No es ella pequeña?" Génesis 19:20.

¿Cómo pudo él hacer esto? Seguramente Lot había aprendido que las ciudades casi lo habían destruido. Desde el día en que "fue poniendo sus tiendas hasta Sodoma" la familia había avanzado poco a poco, casi imperceptiblemente hacia una completa identificación con la corrupta sociedad del centro de la ciudad. Poco a poco la transición fue hecha desde una neutralidad dudosa hasta la participación descarada.

Cuando Lot pidió que se le permitiera aún vivir en otra ciudad, él estaba demostrando dramáticamente cuán gradualmente puede el compromiso embotar los sentidos y distorsionar el juicio.

¿Cuántos en la iglesia moderna desde hace mucho tiempo han estado poniendo sus tiendas en dirección a Sodoma? ¿Cuántos han tomado el primer paso hacia el compromiso fácilmente justificado? Y ¿cuántos cristianos se han sentido incómodos acerca de ello, pero no han tenido el coraje de levantar la voz para amonestar? Más tarde, ¿qué sucedió? Aquellos cristianos que perdieron la sensibilidad empezaron a defender la corriente progresiva de rebajar las normas con el mismo argumento. "¿No es esto una pequeñez?" ¿No explica esto cómo la mundanalidad se ha deslizado aun adentro de la iglesia remanente? Por ejemplo: ¿Cómo es que la abominación de la minifalda llegó a ser un espectáculo tan familiar en las iglesias adventistas del séptimo día, los sábados de mañana? La hermana White explica lo que *[19]* sucedió con los miriñaques en otra generación, y usted puede ver cómo Satanás usa la misma sutileza para introducir la minifalda.

"El poder del ejemplo es grande. La hermana A se aventura a usar pequeños miriñaques. LA hermana B dice: No es peor para mi usar miriñaques que para la hermana A, y ella los usa un poquito más grandes. La hermana C imita el ejemplo de las hermanas A y B, y usa sus miriñaques un poquito más grandes que las hermanas A y B, pero todas sostienen que sus miriñaques son más chicos." Testimonios. Vol. 1, p. 278.

¿Suena esto familiar? Las señoritas tanto como las señoras en la iglesia remanente han empezado a levantar los bordes de sus vestidos. Si la altura llegaba a la rodilla, estaba bien. Entonces, ¿qué había de malo si se usaba media pulgada más arriba de la rodilla? Y si era modestia usar la falda medie pulgada arriba de la rodilla, entonces ¿por qué podría ser inmodestia recortarle media pulgada más?

¿Por qué se ha dicho tan poco en protesta de esto? Porque cada estado del proceso leudante era demasiado pequeño como para despertar alarma. Ni aun el ministro se daba cuenta de lo que estaba sucediendo. Muchos se atrevieron a hablar, pero fueron silenciados rápidamente acusándoseles de tener mentes maliciosas. Muy pocos continuaron tocando la trompeta de alarma en contra de la creciente violación de la modestia.

¿Cómo podemos explicar ese manto de silencio que a menudo rodea a estas intrusiones engañosas del mundo? Aparentemente mucho de esto tiene su raíz en el temor a ofender.

"Yo vi que algunos se levantarían contra los claros testimonios. Ellos no se adecúan a sus sentimientos naturales. A ellos les gustaría que se les dijera cosas [20] agradables y que se les hablara de paz en sus oídos. Vi a la iglesia en una condición tan peligrosa, como jamás lo estuvo. La religión experimental es conocida tan sólo por unos pocos. El zarandeo ha de venir muy pronto para purificar la iglesia."

"Los predicadores no deben tener escrúpulos para predicar la verdad tal como se encuentra en la Palabra de Dios. Dejad que la verdad salga. Me fue mostrado que la razón porque nuestros predicadores no han tenido más éxito es por que ellos han tenido temor de herir los sentimientos, temor de no ser corteses, y por esta causa ellos bajan las normas de la verdad y ocultan en lo posible las peculiaridades de nuestra fe. Vi que Dios no podía dar éxito a los tales. La verdad debe ser directa y debe instarse a la gente a tomar una decisión con urgencia. Y mientras los falsos pastores proclaman paz y predican cosas suaves, los siervos de Dios deben clamar a voz en cuello y no callar, y dejar los resultados con Dios." Spiritual Gifts, Vol. 2, p. 284-285.

"Algunos se están apartando del testimonio viviente. Las verdades cortantes no deben pasarse por alto. Se necesita algo más que teoría para alcanzar corazones ahora. Se necesita el testimonio conmovedor para alarmar y suscitar interés; esto despertará a los súbditos del enemigo, y entonces las almas honestas serán impelidas a decidirse a favor de la verdad.

Ha habido y todavía hay en algunos una disposición a esperar que todas las cosas se muevan muy suavemente. No ven la necesidad de un testimonio directo.

"En la iglesia existen pecados que Dios aborrece, pero raramente se los reprende por temor a hacerse de enemigos. Se ha levantado en la iglesia la oposición al claro testimonio. Algunos no lo soportarán. Ellos desearían que se les hablara cosas suaves. Y si se tocan los errores de los individuos, se quejan de severidad y simpatizan con los que *[21]* están en error… Cuando la iglesia se aparta de Dios ellos rechazan el claro testimonio, y se quejan de severidad y dureza. Esta es una triste evidencia del estado de tibieza de la iglesia." Spiritual Gifts, Vol. 2, p. 283, 284.

La gran necesidad de la iglesia es la de predicadores valientes que puedan hablar con intrepidez acerca de lo correcto y lo incorrecto. El pastor que verdaderamente ama a su rebaño y a su Dios no vacilará en llamar al pecado por su nombre en todo discurso. Predicaciones directas que produzcan preocupación por las malas obras es la más genuina demostración de verdadero amor. Tales hombres llorarán mucho por sus ovejas y con sus ovejas, pero no rehusarán dar el mensaje que puede sanar y restaurar. Dietrich Bonhoeffer en su libro Life Together hizo esta significativa declaración:

"Nada puede ser más cruel que la ternura que confirma a otro en su pecado. Nada puede ser más compasivo que la severa represión que llama al hermano para que se vuelva de la senda del pecado."

Un párrafo del libro Patriarcas y Profetas ha influido en mi propio ministerio más que ninguna otra cosa que haya leído fuera de la Biblia. Su solemne mensaje ha hecho arder mi alma desde el primer momento que lo leí después de mi ordenación. Se aplica igualmente a padres y a pastores. Así, a mí me produjo un doble impacto.

> "Aquellos que no tienen suficiente valor para reprender el mal, o que por indolencia o falta de interés no hacen esfuerzos fervientes para purificar la familia y la iglesia de Dios, son considerados responsables del mal que resulte de su descuido del deber. Somos tan responsables de los males que hubiéramos podido impedir en otros por el ejercicio de la autoridad paternal o pastoral, como si hubiésemos cometido los tales hechos nosotros mismos." Patriarcas y Profetas, p. 625. *[22]*

No olvide la estocada de esa declaración. Si tengo temor de tocar la trompeta y amonestar al pueblo de Dios de la cercanía de un peligro espiritual y como resultado es inducido al pecado, entonces yo seré tenido por responsable por esos pecados como si yo mismo los hubiera cometido. Yo no deseo responder por los pecados de otros. Esta es una razón por la cual estoy escribiendo este libro. Muy pocos están escuchando acerca de las tácticas encubiertas de nuestro gran enemigo para derribar la fortaleza de la iglesia hoy.

El único medio por el cual podemos detener esta intrusión mundana es trazando una línea divisoria en el lugar que corresponde y allí pararnos con firmeza. El abandono de nuestras normas continuará hasta que nos armemos de coraje para resistir el primer compromiso. La Sra. De White dijo:

"La distancia entre Cristo y su pueblo está ensanchándose y la distancia entre su pueblo y el mundo está disminuyendo." Spiritual Gifts, p. 68.

"Nuestra única seguridad está en permanecer como el pueblo peculiar de Dios. No debemos ceder ni una sola pulgada en las costumbres y modas de esta era degenerada, sino permanecer en una independencia moral, sin hacer ningún compromiso con sus prácticas corruptas e idólatras." Testimonies, Vol. 5, p. 78.

Es nuestro propósito en los siguientes capítulos estudiar ciertas grandes áreas de normas cristianas las cuales Satanás ha convertido en centros especiales de su plan de compromisos sutiles con el mundo. *[23]*

Capítulo Dos
¿Es Modestia la Desnudez?

> *"Es sólo por un esfuerzo largo y perseverante, por penosa disciplina y severo conflicto que seremos vencedores."*
> *(Testimonios para la Iglesia, tomo 3, pág. 356).*

La cuestión del vestido probablemente ha sido el área más sensitiva sobre la cual trazar líneas basadas en principios bíblicos. El desacuerdo en cuanto a definición de términos ha hecho que muchos ministros abandonen este tema con temor. ¿Qué es modestia e inmodestia? Otros preocupados portavoces de la iglesia han sido perturbados por las airadas acusaciones de liberales, según los cuales, las críticas en cuanto al vestido, constituyen una obsesión de mentes enfermizas en sí mismas. Algunos han hecho aun un burdo mal uso de la justificación por la fe, y han tomado la posición de que una discusión de la conducta exterior constituye una negación legalista de la justicia imputada de Cristo. ¿Merece este asunto, por lo menos unas pocas observaciones específicas? ¿Se ha enfatizado demasiado? ¿Cuántos libros han salido de nuestras imprentas que traten de este tema? Nadie puede asegurar que este asunto haya sufrido de un exceso de exposición. Muy rara vez algún folleto u hoja suelta ha expuesto este asunto, y pocos de nuestros libros le dan un reconocimiento apreciable como un problema espiritual. Pero, ¿se trata de un problema espiritual? Escuche esta declaración:

> "La moda está deteriorando el intelecto y royendo la espiritualidad de nuestro pueblo. La obediencia a las modas está invadiendo nuestras iglesias adventistas, y está haciendo más que cualquier otro poder para separar de Dios *[24]* a nuestro pueblo." (Testimonios para la Iglesia, tomo 4, págs. 639-640).

Si esto pudo decirse del problema del vestido unos cien años atrás, ¿qué podría decirse acerca de esto en estos días de unisexo, bikinis y ropas que dejan el busto al descubierto?

Aunque al presente la minifalda ha desaparecido del escenario de la moda, habrá sin embargo, siempre, un elemento de desnudez en los estilos prevalecientes que deberíamos reconocer como inmodestos y anticristianos. A fin de que nadie trate de escapar al verdadero significado de la palabra "modestia" no procuraremos definirla aquí con precisión. Pero no puede haber debate sobre el hecho de que cualquier cosa que daña a un compañero cristiano es incorrecta. Y ciertamente cualquier clase de vestido que hace pecar a nuestro prójimo puede ser clasificado como incorrecto.

Entonces, seamos lo suficientemente honestos como para admitir que el cuerpo humano expuesto es capaz de originar el pecado tanto en el pensamiento como en la acción. Muchos han actuado muy ingenuamente con este creciente problema de la desnudez. Es tiempo de hablar muy claramente al respecto para que tanto hombres como mujeres comprendan la verdadera naturaleza de este mal.

Ann Landers publicó esta carta en sus columnas en el pináculo de la locura de la minifalda:

"Querida Ann Landers:

"Aquí hay un mensaje de un hombre viejo y sucio, de 22 años de edad. Soy un alumno del cuarto año de colegio y el punto de vista que expreso aquí, refleja el pensamiento de un gran número de individuos.

"No hay nada más ridículo que una muchacha con una minifalda que le llega al muslo, sentada en una silla o en un [25] sofá, estirando su falda, procurando alargarla para cubrir su rango o respetabilidad. Ruborizada, llena de vergüenza, y con ojos agrandados como platillos voladores, pregunta: '¿Estoy sentada correctamente? ¿Se ve algo?' "Si no desean mostrar nada, ¿por qué no compran suficiente tela para sus faldas? Más de una vez me han dirigido una mirada indecente porque me sorprendieron lanzando un vistazo a ese cuadro. "Por favor dígales a las Grandes Simuladoras que se hacen las insultadas, que dejen la inmodestia. La razón por la cual van semidesnudas es porque desean crear un poco de inquietud. Dígales que ese acto debía haber sido cancelado cuando aceptaron levantar el ruedo de sus vestidos y dijeron, 'a vestirse con decencia'."

Muchas mujeres han puesto a un lado la crítica en contra de sus vestidos cortos y han echado la culpa de todo a los viejos maliciosos con sus malos pensamientos. Pero, ¿es ésa la falta real? Hace algunos meses recibí una llamada telefónica mientras dictaba una serie de conferencias evangelísticas en el estado de Texas. Un peluquero que escuchaba mis programas diarios de radio solicitó una entrevista personal en mi cuarto del hotel. Siendo que era católico no se sentía libre para asistir a las reuniones públicas, pero me indicó por teléfono que necesitaba desesperadamente orientación espiritual.

Este hombre resultó ser un maravilloso caballero cristiano. Expresó su gran deseo de ser salvo y de vivir una vida piadosa. Entonces me confió su problema. Mujeres vestidas de minifaldas venían a su peluquería día tras día. El oraba y luchaba para conservar sus pensamientos puros. Con lágrimas en sus ojos, me preguntó: "¿Será que Dios me va a destruir porque no siempre puedo guardar mis pensamientos limpios y santos? Por favor, dígame lo que debo hacer. Quiero salvarme, y quiero mantener mi mente en comunión con Dios, pero ¿cómo puedo hacer esto con estas mujeres vestidas a medias delante de mis ojos?" *[26]*

Me sentí triste por ese peluquero. Estaba luchando con el mismo problema que todo cristiano tiene que afrontar, sea joven o adulto. No está confinado a "hombres viejos indecentes". Todo hombre, mujer y niño en el mundo tiene una naturaleza carnal por nacimiento. Pero la lucha de los varones para guardar sus pensamientos rectos se basa sobre algo más que la naturaleza carnal. Radica en el hecho que Dios creó a los hombres con una estructura sexual completamente diferente que la de las mujeres.

Dios hizo al hombre en el principio con una naturaleza sexual muy sensitiva que puede ser rápidamente estimulada por la vista de una mujer desnuda. La mujer, por otro lado, fue creada con una naturaleza sexual que no puede ser fácilmente excitada, especialmente por la vista. Ella fue hecha para responder más por el toque y la ternura. Su sexualidad más sutil puede ser despertada por las atenciones físicas envueltas en las relaciones conyugales. Dios dio al hombre su naturaleza sexual emocional con el propósito de hacer el matrimonio más placentero y feliz. El esposo debía ser el agente agresivo en las relaciones. Bajo este hermoso plan de Dios, el instinto sexual de ambos, marido y mujer, podría ser legítimamente estimulado. Pero, note ésto: Dios nunca tuvo el plan de que las emociones sexuales del hombre fueran estimuladas fuera de la cámara matrimonial. Y, a fin de protegerlo, Dios puso en la mujer un delicado sentido de modesta reserva, de manera que no expusiera su cuerpo, excepto a su propio marido.

El plan fue perfecto, pero ha sido echado a perder en un área. Satanás ha tratado de destruir en gran medida esa modestia inherente con la cual el Creador dotó a las mujeres. Bajo la maldición creciente de la trasgresión, la mujer arrojó de sí las restricciones morales. La desnudez sin freno o la provocativa semidesnudez han llegado a ser la norma aceptada de la nueva moda. Por todos lados, los cristianos, tanto como los no *[27]* cristianos, son forzados a mirar escenas de desnudez que son completamente extrañas al plan original del Creador.

¿Cuál ha sido el efecto de este pervertido orden de cosas? Ha producido una sociedad saturada de sexo cuyas cualidades morales se equiparan justamente a las de los antediluvianos. Jesús dijo: "Pero como en los días de Noé, así será la venida del Hijo del hombre" (Mateo 24.37). Y ¿cuáles fueron las condiciones de los días de Noé que se duplicarían en el fin del tiempo? La Biblia dice que "todo designio de los pensamientos de su corazón solo era de continuo el mal" (Génesis 6.5).

Solamente tenemos que mirar el estado lamentable de los entretenimientos y transmisiones comunes para saber cuán plenamente se ha cumplido esta profecía. La pornografía se ha legalizado. Los canales de televisión están llenos de concupiscencia sexual, implícita o explícita. El mundo de la propaganda, y aun los comentarios cotidianos de las noticias están salpicados de profanidad y de expresiones sugestivas de doble sentido. La imaginación del hombre moderno parece obsesionada con la cuestión del sexo, a menudo desviada y pervertida. El homosexualismo no sólo ha recibido la tolerancia que ha estado buscando, sino que ha sido reconocido por la mayoría de los siquiatras como un proceder sexual normal.

Y ¿qué acerca de los cristianos que están rodeados por esta glorificación de la carne? Desafortunadamente esto no se ha dejado fuera de las puertas de la iglesia. Lentamente el mundo se ha introducido dentro de la iglesia remanente. Gradualmente se comenzó a tolerar, aun en la iglesia, la exposición de rodillas y de muslos. El sentido de afrenta ha desaparecido en la medida en que nos hemos habituado a ese despliegue semanal.

Y ¿qué acerca de los varones cristianos cuya naturaleza sexual inherente es tan fácilmente influida por este nudismo? ¿Responden ellos al estímulo externo acariciando malos pensamientos y cometiendo adulterio mental? Por la gracia de Dios los verdaderos cristianos pueden obtener la victoria, aun sobre las imaginaciones del corazón. Por medio de la sumisión y la oración cualquier hombre puede reclamar la virtud de una mente pura, pero los estilos de los vestidos hacen que la lucha sea más difícil. Jesús hizo claro que los hombres son inducidos fácilmente a pensar erróneamente. Él dijo: "Oísteis que fue dicho: 'No cometerás adulterio'. Pero yo os digo que cualquiera que mira a una mujer para codiciarla, ya adulteró con ella en su corazón." (Mateo 5.27-28).

Y ¿qué podemos decir de las mujeres que visten de una manera tal que estimulan esta clase de pensamientos? Son igualmente culpables delante de Dios. Por esta razón, ninguna mujer verdaderamente cristiana, que comprende el efecto de este curso de acción, usará jamás vestidos que dejen translucir la desnudez y que generen deseos ilícitos. Tan pronto como el vestido se usa más arriba de la rodilla se crea el clima del pecado. Para el hombre carnal que no tiene el poder del evangelio en su vida, no hay oportunidad para resistir la tentación. Cada minifalda es combustible que incita la mente a pensar los pensamientos más degradantes de que es capaz la naturaleza humana. Las mujeres cristianas no deberían tener participación en esta clase de seducción.

Verdaderamente el segundo gran mandamiento de Jesús sería violado por este proceder. Cristo dijo: "Amarás a tu prójimo como a ti mismo". ¿Cómo podría una mujer usar ropas que fueron ideadas para incitar a los esposos de sus vecinas a cometer adulterio mental y no ser culpables de quebrantar la ley de amor? ¿Amaría ella a su vecina como a sí misma si ella obstinadamente hace algo para inducir al marido de su vecina a pecar contra su esposa y contra Dios? *[29]*

Estamos tratando aquí con acciones que estimulan a otros a pecar. Los valores morales están involucrados directamente. Se nos aconseja que cerremos toda puerta de tentación.

> "Nuestro ejemplo y nuestra influencia han de ser una fuerza en favor de la reforma. Hemos de abstenernos de toda práctica que pueda embotar la conciencia o alentar la tentación. No abriremos ninguna puerta que le dé a Satanás acceso a la mente de un ser humano creado a la imagen de Dios." (Testimonios para la Iglesia, tomo 5, pág. 338).

¿Por qué la reacción de la mujer frente a la desnudez es diferente a la del hombre? Muy a menudo las mujeres minimizan el problema espiritual que estamos tratando aquí. Y con mucha frecuencia la actitud de ellas es que los hombres deben ejercer más poder de control propio y que deben borrar sus imágenes mentales. Fallan completamente en comprender la diferencia significativa que Dios ha puesto en la naturaleza masculina. Esa naturaleza no puede cambiarse por ningún esfuerzo o determinación humanos. Puede ser controlada por una completa consagración cristiana, pero las mujeres cristianas deben cooperar constantemente cerrando las avenidas del alma a la tentación.

"Nuestra única seguridad se encuentra en estar protegidos por la gracia de Dios en todo momento, y en no extinguir nuestro discernimiento espiritual de modo que llamemos a lo malo bueno, y a lo bueno malo. Sin vacilación o discusión, debemos cerrar y guardar las avenidas del alma contra el mal. Nos costará un esfuerzo asegurarnos la vida eterna. Es sólo por un esfuerzo largo y perseverante, por penosa disciplina y severo conflicto que seremos vencedores." (Testimonios para la Iglesia, tomo 3, pág. 356).

Tal vez podemos comprender mejor el modo preciso de obrar Satanás, si recordamos algunas de sus clásicas maniobras del *[30]* pasado. En 1ª de Corintios 10 leemos que las experiencias del antiguo Israel fueron escritas para nuestra amonestación y ejemplo. Se hace referencia a su salida de Egipto, viajando a través del desierto y entrando a la tierra prometida. Hay un paralelo directo entre el pueblo de Dios de entonces y el pueblo de Dios de la actualidad.

No podemos ignorar el hecho de que en el ataque final de Satanás, su estilo de "gane o pierda todo" contra Israel para impedirle la entrada a la tierra prometida, estaba envuelto el ilícito interludio de Baal-peor. Las mujeres paganas inmorales de Moab irrumpieron en el campo de Israel con liviano abandono, y lograron que millares de hombres de Israel cayeran en pecado. Dios describe la escena de esta manera: "Por cuanto ellos os afligieron a vosotros engañándoos con sus ardides en lo tocante a Baal-peor..." (Números 25.18).

¿Acaso no hay un paralelo sorprendente con la manera en que Satanás está procurando impedir la entrada del Israel moderno a la Canaán celestial? Por medio de los engaños de la licencia sexual excitada por la impúdica desnudez, se ha lanzado un último esfuerzo para subvertir la integridad moral de la iglesia remanente. 24.000 murieron como resultado de aquel terrible castigo que barrió el campo de los israelitas. 24.000 hombres fueron abatidos por la exótica belleza de esas mujeres seductoras y perdieron el privilegio de entrar a la tierra prometida.

¿Cuántos miles del pueblo de Dios hoy, serán enamorados y destruidos por un duplicado de tales deseos carnales? Pablo rememorando esa trágica escena de Baal-peor, hizo esta apelación: "Todas estas cosas les acontecieron como ejemplo, y están escritas para amonestarnos a nosotros, que vivimos en estos tiempos finales. Así que el que piensa estar firme, mire que no caiga." (1 Corintios 10.11-12).

Ningún hombre ni mujer puede jactarse de poseer poder contra *[31]* el hechizo cautivante de esta época mundana. Tal como los sentidos de los israelitas fueron cautivados por las bellezas de Moab que invadieron el campo de Israel, así los hogares del Israel moderno son también cautivados por las deslumbrantes tentaciones de la desnudez carnal de la televisión saturada de colorido. Muchos que piensan que están firmes están ya trágicamente comprometidos, y ni siquiera lo reconocen.

El desfile de las modelos semidesnudas de los últimos estilos y modas también han producido una brecha en las defensas espirituales de muchos en las iglesias. Sólo el tiempo y la eternidad revelarán cuántas mentes se han rendido a la apelación sensual de la ropa inmodesta. Nos preguntamos si Baal-peor pudo haber sido más atrevido en sus asaltos deliberados contra la moral de Israel. Note cómo Mary Quant, la inventora de la minifalda, se alaba públicamente. Esta diseñadora de la moda declaró que su creación tuvo el propósito de hacer que el sexo (ilícito) sea más disponible en las tardes. En una entrevista se le preguntó qué clase de personas deseaban ser las mujeres de hoy día; y ella respondió: "Una criatura sexual. Ella hace despliegue de su sexualidad en lugar de ocultarla con recato y modestia. Hoy día ella se viste para decir: 'Yo soy sexual. Me gustan los hombres. Yo gozo de la vida'." Y entonces hace esta tremenda declaración: "Las minifaldas son símbolos de aquellas muchachas que desean seducir a un hombre".

Nosotros pensamos que los israelitas fueron ingenuos y estúpidos por haber caído en la hábil intriga sexual de Baalam en los días de la antigüedad; pero ¿qué podemos decir de los millares de mujeres adventistas del séptimo día que afirman con sus "minifaldas" la certidumbre de la confesión de Mary Quant?

Una de las primeras evidencias de control de Satanás es la de quitarse las prendas de vestir. Tenemos pruebas de ello en Lucas 8 donde el pobre hombre lleno de demonios fue encadenado en el cementerio de Gadara. La Biblia lo describe como " un hombre *[32]* de la ciudad, endemoniado desde hacía mucho tiempo; y no vestía ropa" (Lucas 8.27). Más tarde, cuando él fue librado de la legión de los malos espíritus, se lo describe como "sentado a los pies de Jesús, vestido y en su cabal juicio." (Lucas 8:35) Evidentemente el primer acto después de haber sido librado del poder de Satanás fue el de vestirse nuevamente. Y la clara deducción de esto es que sólo los que no están en su sano juicio podrían andar alrededor sin ropa.

¿Podemos llegar a la conclusión de que la gran masa, entontecida por el nudismo podría estar afectada por la moderna posesión de demonios? ¿Acaso las estadísticas de enfermedades mentales y emocionales no apoyan la conclusión de que un gran número de personas no está en realidad en su sano juicio? Y estas personas son explotadas hoy por los promotores de Hollywood, por los escritores obscenos, por los cultores del libertinaje y por los diseñadores de lo sobrenatural. Amenazan con echar fuera toda modestia y decencia de la raza humana. Sus diabólicas producciones constituyen un ardiente insulto a la modestia de la humanidad.

Paul Harvey, conocido columnista, hizo notar la alarmante coincidencia de las estadísticas del crimen y las faldas cortas. Los archivos del crimen de la FBI revelan que los raptos por violencia aumentaron casi en proporción al largo de los ribetes de los vestidos. El consenso de las autoridades encargadas de hacer cumplir la ley en 50 estados estuvo de acuerdo en que hay una correlación entre la minifalda y los crímenes relativos al sexo. El 92% de las autoridades encargadas de hacer cumplir la ley, que respondieron a la pregunta: "¿Invita la minifalda a los crímenes sexuales?", respondieron afirmativamente. La opinión fue resumida por el comandante de la división juvenil de una ciudad grande cuando dijo: "Algunos crímenes relacionados con el sexo son cometidos por individuos excitados por su percepción sensorial y los vestidos cortos de algunas muchachas podrían *[33]* provocar un ataque tal".

Un artículo de un periódico de Toronto, Canadá, confirma que la policía canadiense está de acuerdo con el siguiente informe de los Estados Unidos:

"'El 91% de los policías de Toronto piensa que una mujer que viste minifalda es una víctima más probable de rapto que su hermana más modesta,' dijo un interlocutor de la fuerza, el jueves. Desde 1964, el año en que la minifalda fue introducida al mercado de la moda femenina, los raptos se han incrementado en un 68% en los Estados Unidos y en un 90% en Inglaterra," dijo The Law Officers, una publicación de la policía. "'Los vestidos acortados son, sin ninguna duda, un factor en las ofensas contra las mujeres,' dijo el Sargento George Gough del Pelotón de Moralidad. 'Cuando una muchacha vestida de falda corta es seguida por un hombre después que ella se baja del tranvía en la noche, no queda mucha duda acerca de lo que atrajo a su asaltante'. "

El Dr. Luchenstein, médico de la Prisión Tombs en la ciudad de Nueva York, trabajó con 170.000 prisioneros en un periodo de 12 años. Él dijo: "Los así llamados crímenes pasionales están aumentando alarmantemente y seguirán incrementándose, en mi opinión, hasta que la causa principal sea suprimida. Esta, a mi parecer, es el presente estilo de vestir, el cual para decir lo menos, es inmodesto. El vestido inmodesto tiene una relación directa en la incitación al crimen, no importa cuán inocente sea el que lo usa".

A fin de que por estos datos ninguno llegue a la conclusión de que el varón de la especie humana es el esclavo de excitaciones incontrolables, permítame que me apresure a decirles que todo individuo es responsable ante Dios sobre la base de su decisión personal. Cada hombre tiene la responsabilidad del discernimiento individual y de la elección voluntaria, no teniendo *[34]* ninguna excusa para la trasgresión de la ley de Dios.

Finalmente, nosotros permanecemos en pie, o caemos, no por causa de la fuerza de la tentación, sino por la deliberada acción de la mente para obedecer o rechazar la verdad. El vestido provocativo sólo prevalece, habitualmente, sobre la mente que no está fortalecida con el Espíritu Santo. *[35]*

Capítulo Tres
Doble Norma Expuesta

> *Si usted desea un ejemplo impresionante de cómo estos compromisos sutiles con el mundo nos han puesto al nivel del mundo que nos rodea, haga un censo de las más populares playas públicas en julio y agosto.*

Ninguna discusión acerca de la modestia en el vestir podría estar completa sin tocar el delicado tema de los baños mixtos. Sólo en esta área la minifalda resulta comparativamente modesta. A propósito, aquí también descubrimos el punto ciego en las normas de los adventistas en el vestir. Por alguna razón muy poco se ha dicho o escrito acerca de esta evidente inconsistencia al tratar con nuestra juventud. Mientras adoptamos una posición de reglamentación de tipo liviano en lo relacionado con las minifaldas, no hemos tomado ninguna posición oficial en el asunto de los baños mixtos. Y aun los puntos de vista no oficiales de los ministros y miembros de iglesia no parecen llevar una correlación consistente con los principios históricos que hemos sostenido como iglesia.

Aunque nadar es una de las mejores actividades recreativas, los trajes de baño modernos cubren mucho menos del cuerpo que la más corta micro-minifalda. En verdad se deja muy poco a la imaginación. Si condenamos la minifalda, si recomendamos alguna clase de principio en cuanto a la modestia en el vestir, no importa cuán vago sea, ¿cómo podríamos por un esfuerzo de la imaginación, justificar los modernos trajes de baño como prendas de vestir cristianos, aceptables? Ciertamente nadie es tan ciego como para dejar de ver este asunto. Nuestros jóvenes no son ciegos y esta es una de las razones por las que pareciera que no escuchan cuando les hablamos acerca de la modestia. Ellos ven la falsedad de las normas que practicamos.

Es práctica común en nuestras academias, incluir en nuestros *[36]* manuales instrucciones en cuanto a la modestia en el vestir. Después de eso podría decirse mucho o poco acerca del largo del vestido, incluyendo los escotes, las espaldas desnudas y los vestidos sin mangas. Prácticamente en todos nuestros colegios, algunas veces durante el año escolar los alumnos y los profesores van a algunas playas o balnearios a pasar el día jugando juntos con menos vestido que las prostitutas usan al caminar por las calles de la ciudad. De hecho, si estos estudiantes y profesores anduvieran a lo largo de la calle principal de alguna pequeña ciudad usando esos vestidos de baño, no se les permitiría la entrada en la mayoría de las casas de negocios. Escandalizarían aun a los habitantes no convertidos del vecindario, con el posible riesgo de arresto por exposición indecente. Sin embargo, nosotros hemos aceptado ciegamente esta clase de vestido como conveniente para que los cristianos Adventistas del Séptimo Día los usen cuando están en reuniones mixtas. Es una ironía que lo que el mundo llama indecente en un lugar, la iglesia lo puede llamar modesto en otro lugar. ¿Tiene esto sentido? El lugar no tiene relación con esto, es el principio. El principio en contra de la exposición del cuerpo se aplica en la calle, en la playa, o en el centro comercial.

Si usted desea un ejemplo impresionante de cómo estos compromisos sutiles con el mundo nos han puesto al nivel del mundo que nos rodea, haga un censo de las más populares playas públicas en julio y agosto. Millares de adventistas del séptimo día estarán mezclados con la multitud vulgar. E incidentalmente, usted no hallará ningún modo de identificarlos entre los ateos, rameras y ladrones medio vestidos que frecuentan esos lugares. Toda carne parece la misma.

¿Es la ubicación cercana del océano lo que convierte en modestia el desprenderse de las ropas? ¿Creemos que los principios de la modestia se deberían aplicar solamente en ciertas ocasiones y lugares? ¿Han sido arrojados fuera de juego los *[37]* efectos de la desnudez de las muchachas sobre los sentidos de los varones durante las ocasiones de diversión en las playas o en las piscinas?

He encontrado a muchos de nuestros miembros de iglesia que se han hecho estas mismas preguntas, pero a causa de que nadie más desea discutir acerca de esta actividad, ellos siguen adelante sin decir nada. El sentimiento general parece ser que el fin, probablemente en este caso, justifica los medios. Están haciendo buenos ejercicios y pasándolo bien.

Otros han racionalizado que, como todo el mundo está en la misma condición de desnudez, nadie está permitiendo que un pensamiento malo entre en su cabeza. También, están tan acostumbrados a verse unos a otros medio desnudos que ya esto no les hace ningún efecto. Estos argumentos no solamente son superficiales sino que también son falsos. Si fueran verdaderos, tendríamos un gran motivo para unirnos a la colonia nudista.

Mis convicciones contra la natación mixta crecieron en mí por haber observado los frutos de la práctica. Como un joven ministro principiante en Florida, me asignaron la función de acompañar a la juventud en sus recreaciones de natación, en una playa cercana de la ciudad. Quedé sorprendido al ver cómo las inhibiciones fueron rebajadas por la mezcla promiscua de muchachos y muchachas en sus trajes de baño. Se tomaron libertades físicas y se manifestaron indebidas familiaridades durante los juegos que tuvieron lugar, tanto dentro como fuera del agua. Nunca olvidaré una cosa que vi aquel día. Esto me perturbó hasta el punto de tomar mi primera posición en contra de la promiscuidad en la natación. Una de las damas acompañantes de las chicas se subió sobre los hombros de uno de los hombres que también ayudaba a supervisar las actividades. Ella era una de las dirigentes espirituales en la iglesia y él era diácono. Su modestia el sábado por la mañana fue siempre ejemplar. Si un viento suave hubiera levantado su falda *[38]* levemente para exponer una rodilla, se habría sentido abochornada. Sin embargo, observé con asombro cuando se sentó sobre los hombros de un hombre que no era su marido y anduvo alrededor en el agua, gritando con risotadas, vestida con un corto traje de baño. Parecía no darse cuenta de lo impropio que era su proceder en ese momento.

En aquel momento decidí, que si este era el efecto de los baños mixtos, tomaría mi posición en contra de ellos. Durante los 30 años siguientes, no he visto nada que haya cambiado mis sentimientos acerca de su mala influencia.

Hace poco se me pidió que presentara estos principios de modestia en el vestir en un campamento. Después de la reunión, que había durado dos horas, en el auditorio principal, cinco jóvenes estaban esperando para hablar conmigo. Las tres muchachas y dos muchachos, todos de edad universitaria, estaban tremendamente turbados por lo que yo dije. La hermosa niña la cual parecía hablar por todos los demás, estaba especialmente ofuscada. Dijo: "¿Cómo puede usted decir que la natación mixta está mal? Nosotros hemos pasado todo este verano con un equipo de evangelismo en una playa de la ciudad de Ocean City. Hemos pasado la mayor parte del tiempo en vestidos de baño, dando estudios bíblicos a otros jóvenes a la orilla de la playa. Y este es Tom a quien hemos conocido allí; él será bautizado el próximo sábado. ¿Cómo puede usted decir que hicimos mal cuando fuimos capaces de ganarlo para Cristo en la playa?"

Yo expresé mi gozo por ese joven que estaba para bautizarse y les felicité por guiarlo a Cristo. Entonces le hice a Tom esta pregunta: "¿Tom, en su asociación con estas chicas en la playa, en sus ropas de baño, tuvo usted alguna vez pensamientos de impureza a causa de la manera en que ellas estaban vestidas?" Tom inclinó su cabeza por un momento y luego respondió: "Por supuesto que sí". Inmediatamente las muchachas expresaron en coro su asombro. "¿Y por qué no nos lo dijiste entonces?", *[39]* preguntó una de las chicas. Parecían genuinamente sorprendidas que los muchachos no habían venido a ellas en la playa a decirles que sus vestidos eran provocativos.

Se fueron aquel día con más conocimiento que antes.

Pero, ¿piensa usted que ellas abandonaron inmediatamente esa costumbre de bañarse junto a miembros del sexo opuesto? He encontrado, que en la mayoría de los casos, las damas no cambian su estilo de vestir aun después de aprender cuán perjudicial es su influencia. La diosa de la moda es una tiránica gobernante y pocos son lo suficientemente consagrados como para abandonar sus costosas gratificaciones, especialmente cuando el atuendo agrada a la propia naturaleza.

El Dr. Harold Shryock da este consejo a las jóvenes parejas de la actualidad:

"Evitad los baños mixtos. La natación en sí misma constituye una sana recreación. Pero cuando personas de ambos sexos se bañan juntas se introduce un elemento de exhibición personal el cual, para cualquier ser humano normal, dirige los pensamientos hacia las características peculiares del sexo opuesto. El esfuerzo del baño mixto es el de hacer comunes aquellos asuntos que, para los cristianos son sagrados. El baño mixto tiende a rebajar las normas personales de decoro haciendo que la familiaridad física parezca menos objetable". (The Youth's Instructor, 19 de julio de 1960).

En la edición de marzo de 1971 de la revista Ministry fue publicada una carta al redactor, la cual es digna de una amplia distribución. La carta fue escrita por el pastor Don Hawley, redactor de la revista Life and Health.

"En la edición de The Ministry de enero de 1970, uno de nuestros ministros escribió concerniente al asunto de la *[40]* modestia. El señaló que nuestra crítica de la minifalda no parecía tener relación recíproca con nuestra completa falta de preocupación acerca del baño mixto. Él, juntamente con los editores, pidió que otros expresaran su opinión al respecto, sin embargo siguió un extraño silencio.

"¿Es posible que nosotros sepamos intuitivamente que el baño mixto no es apropiado, pero, como es tan universalmente practicado por la iglesia, parece mejor ignorar la situación? Si es así, ¿es esta una solución estilo avestruz, que para no hacer frente al peligro, entierra la cabeza en la arena? No importa cuan universal pueda ser una cosa impropia, aún así tenemos que dar cuenta individualmente en el juicio.

"Tal vez había algunos que tenían convicciones, pero sintieron que no sería conveniente expresarlas. Oí una vez de un presidente de asociación que degradó a un pastor porque 'es más bien fanático, no cree en el baño mixto'. "Censuramos el uso de pantalones cortos, las blusas sin espaldas, los escotes bajos, y la minifalda, señalando que, tales personas están 'medio desnudas'. Pero si tal persona pasa a una condición de estar tres cuartas partes desnuda (por ejemplo un traje de baño), entonces todo está bien. Aparentemente si deseamos hacer algo suficientemente malo, tal como participar en el baño mixto, entonces las leyes de la modestia pueden ser temporalmente abrogadas.

"Hasta hace pocos años, una persona que salía de una playa pública en traje de baño y caminaba una cuadra hacia una zona comercial, corría el riesgo de ser arrestada por 'exposición indecente'. ¿No es un poquito extraño que lo que el mundo llama indecente, la iglesia lo encuentre aceptable?

"En cierta asociación los siguientes reglamentos están en vigor durante las reuniones de campamento: 'Se pide a los bañistas que usen batas de baño y que estén apropiada y modestamente vestidos mientras van a, o vienen de la **[41]** piscina. Deben usar ropa de calle o túnicas de baño'. Piense acerca de esto por un momento. La inferencia inevitable es que una vez que uno está en la piscina, está bien usar sólo ropa de baño y que se puede estar inmodestamente vestido...".

Algunos han preguntado si Elena G. de White habló sobre el tema del baño mixto. De acuerdo al "Patrimonio White" no hay ningún registro de tal consejo. Obviamente, el uso de bikinis y ropas de baño demasiado cortos no eran ningún problema en el ambiente Victoriano de mediados del siglo XVIII.

Cuando escribí pidiendo información sobre el asunto al "Patrimonio White", me enviaron la copia de una carta que había sido escrita a alguien que había solicitado la misma información. La secretaria del "Patrimonio White" escribió la carta el 8 de diciembre de 1953:

> "La cuestión del baño mixto acerca de la que usted escribió hace algún tiempo es ciertamente un asunto difícil de tratar bajo las condiciones actuales. Desafortunadamente no tenemos ni una sola declaración en los escritos de Elena G. de White en los cuales se mencione directamente el asunto. Las conclusiones deben estar basadas en los principios registrados en la Biblia y el Espíritu de Profecía, más bien que en algún trozo de instrucción. Por supuesto, esto es cierto con respecto a muchos otros asuntos en relación a los cuales tenemos que tomar decisiones regularmente. Usted preguntó acerca de mis convicciones sobre este asunto, así que las expondré con algunas citas de los principios involucrados para sacar las conclusiones.
>
> "Al tratar con cientos de jóvenes durante mis años de enseñanza, he descubierto lo que usted también ha hallado –que mientras puede ser difícil mantener la línea concerniente a algunas normas y actividades, es más fácil sostenerlas que dar marcha atrás después de ceder a la *[42]* presión que sigue a un curso de acción que no es claramente correcto –. Por lo que conozco, nuestros colegios que tienen piscinas todavía

conservan periodos separados para los bañistas. Ésta es la posición recomendada por el Departamento de Misioneros Voluntarios [Nombre original de la Sociedad de Jóvenes Adventistas], y creo que es una posición juiciosa. "Puede ser que le interese saber que el Concilio Consultor de los Misioneros Voluntarios en su junta que precedió justamente al reciente Concilio Otoñal, reafirmó enfáticamente su primera posición, que no deberíamos fomentar el baño mixto. Mientras que el acuerdo no especifica todas las situaciones que pueden presentarse, la discusión estaba centrada en la iglesia y la Sociedad de Misioneros Voluntarios, la escuela y el campo. Los hombres pensaron que las circunstancias justificaban una fuerte reafirmación en este punto de vista. Su observación ha sido que los que no han seguido este curso de acción han obtenido los más infortunados resultados.

"Usted mencionó que nuestros jóvenes no son afectados por lo que puedan ver en conexión con las recreaciones en las piscinas. Creo que esto puede ser cierto con algunos de ellos. Una de mis más grandes preguntas es si, como dirigentes de la iglesia deberíamos apoyar cosas que servirán para fomentar esta tendencia de ser 'a prueba de choque'. Debemos admitir que repetidas exposiciones a influencias exterminadoras de la conciencia han traído a nuestra juventud a la condición en la que se encuentra hoy. ¿No es acaso nuestra responsabilidad de hacer lo mejor que podamos para evitar en lo posible que continúen ejerciéndose estas influencias? En vez de existir más razones para seguir con los baños mixtos hoy, como en el pasado, parece que con el incremento de la libertad de asociación y la casi completa ausencia de inhibiciones de parte de la juventud, las razones para evitar más libertad se *[43]* están multiplicando.

"En lo que concierne al argumento de que la gente está tan acostumbrada a ver la inmodestia, que las inmodestas ropas de baño no significan nada para ellas, creo que es completamente falaz. La instrucción de la Biblia es que los cristianos deberían estar modestamente vestidos, no importa lo que otros hagan. El hecho de que muchas conciencias están endurecidas no altera los principios básicos. Se requeriría un individuo un poco ingenioso para inventar argumentos que prueben que la versión moderna de los trajes de baño es 'ropa modesta'. Mientras muchos rehúsan admitirlo, estar en estrecha asociación con señoritas y señoras en estado de casi total desnudez, tal como lo estimulan las modernas ropas de baño, es una fuente muy real de tentación para jóvenes y adultos varones. Todo lo que uno necesita hacer es dar un vistazo a algunos lugares de propaganda de ropas de baño de mujeres para descubrir que, es el propósito estudiado de los fabricantes, enfocar la atención de los varones en las formas de las mujeres. Animar una asociación sobre estas bases, no es para la iglesia un esfuerzo para ganar almas.

"Mientras que es verdad que muchos jóvenes, especialmente los que están entre los 13 y 19 años, nos consideran como irrealistas al tratar acerca de estos asuntos, esta no es una actitud nueva. Mi contacto con la historia me ha dejado con la clara impresión de que cada generación de jóvenes ha considerado a sus mayores desactualizados. Como padres y guías cristianos, Dios nos ha encomendado la tarea de instruir a nuestros jóvenes, de una manera tal que, aunque no estén completamente de acuerdo con nosotros en el presente, vendrá el tiempo cuando se darán cuenta de que nuestro curso de acción fue sabio. Me he encontrado con muchos jóvenes en los últimos años, quienes me han dado las gracias por las prohibiciones contra las cuales se enojaron cuando se enfrentaron con *[44]* ellas por primera vez.

"Usted mencionó que aquellos que están interesados en la recreación de la natación no apoyan las otras actividades sociales de la iglesia. Sin embargo, si pudiera iniciar baños auspiciados por la iglesia, muchos de estos individuos aún no apoyarían nada que no fuera los baños. No tendrían interés inmediato en otras actividades, precisamente porque usted ha cedido a sus demandas en este asunto. "Todo esto puede parecer como si yo fuera una de esas personas ridículamente fuera de la realidad, de las cuales hablan los jóvenes. Le aseguro que no es así. Es precisamente porque he vivido con la juventud cada día, por muchos años, por lo que he llegado a darme cuenta completamente de los resultados cuando cedemos a algunas de sus demandas faltas de sabiduría. En los tiempos actuales necesitamos colocar delante de nuestros jóvenes todo incentivo para que piensen y actúen correctamente. Los baños mixtos no son tales incentivos.

"La natación es uno de los mejores ejercicios y ciertamente es una de las más apropiadas actividades físicas para los cristianos cuando se la toma con moderación y bajo circunstancias apropiadas. Si lo que se desea es el beneficio físico, este objetivo puede ser alcanzado si fomentamos baños para señoritas y jóvenes separadamente y en lugares apropiados. Frecuentemente pierdo la oportunidad de ir a los baños más a menudo de lo que me gustaría, a causa de la dificultad de hallar lugares apropiadas para tal recreación. Sé de muchos otros a quienes les sucede lo mismo, pero nuestra juventud debe aprender a tener la debida actitud hacia la abstención de los placeres presentes en favor de futuros beneficios.

"Simpatizo con usted en este asunto. Es un problema permanente en nuestros colegios y he estado tratando de lidiar con él por una docena de años. Me parece que la decisión en esta cuestión debe ser tomada por las familias. *[45]*

Si algunos padres consagrados deciden acompañar a sus hijos como una familia o como un grupo de familias, ciertamente no debemos condenarlos; pero que la iglesia fomente baños mixtos es un asunto enteramente diferente". *[46]*

Capítulo Cuatro
Moda Unisexo

Existe una creciente tendencia de hacer que la vestimenta y la apariencia de las mujeres se parezcan lo más posible a las de los hombres; pero Dios considera esto una abominación." (Testimonios para la Iglesia, tomo 1, págs. 402-403).

Cualquier discusión acerca del vestido hoy, podría ser incompleta sin dar alguna consideración al tópico del unisexo. Uno de los fenómenos de nuestros tiempos es el gran aumento de boutiques y de salones de peinados similares para ambos sexos. Están apareciendo en todas partes tiendas y anuncios unisexo ofreciendo exactamente las mismas prendas de vestir y peinados para hombres y mujeres. ¿Cuál es el significado de este fenómeno? ¿Hay peligro espiritual inherente en esta tendencia creciente? Ante todo, necesitamos tomar nota del aumento astronómico del homosexualismo en los últimos pocos años. América ha sido literalmente inundada por una lluvia de historias acerca del movimiento homosexual, en periódicos y revistas y cómo altivamente ha salido del escondite para reclamar "sus" derechos. Desfiles y demostraciones de este tipo de personas atraen grandes multitudes y suscitan amplia publicidad. Los foros de la televisión han discutido abiertamente este asunto delante de millones de televidentes, teniendo como partícipes en estas actuaciones tanto a hombres como a mujeres homosexuales.

La psiquiatría ha dado reconocimiento formal a esta práctica como una conducta sexual normal. Grandes organizaciones de iglesias protestantes, no solamente les abren las puertas a su feligresía, sino que ordenan al ministerio a profesos homosexuales. Se han establecido iglesias exclusivamente para homosexuales y se han realizado matrimonios, legalmente registrados, entre personas del mismo sexo. *[47]*

Mucho se ha escrito acerca de las posibles causas del espectacular aumento de esta perversión sexual tan antigua. Muy pocos parecen entender exactamente por qué se ha producido este resurgimiento tan repentino, pero creo que podemos descubrir las razones al examinar algunos desenvolvimientos sociales paralelos que han dado un categórico incentivo al movimiento homosexual. Hay una causa para todo efecto, y a través de los siglos las mismas condiciones han producido efectos similares.

Todo estudiante de la Biblia tiene conocimiento de la terrible condenación de la sodomía, la cual es mencionada muchas veces tanto en el Antiguo como en el Nuevo Testamento. Dios la señala como una de las peores abominaciones, un pecado que depravará y destruirá totalmente. El antiguo mundo pagano estaba plagado de este vicio. El mismo nombre se deriva de la ciudad de Sodoma la cual cobijó una hueste de militantes homosexuales. Pablo habla de "pasiones vergonzosas, pues aun sus mujeres cambiaron las relaciones naturales por las que van contra la naturaleza. Del mismo modo también los hombres, dejando la relación natural con la mujer, se encendieron en su lascivia unos con otros, cometiendo hechos vergonzosos hombres con hombres, y recibiendo en sí mismos la retribución debida a su extravío." (Romanos 1.26-27). Las mentes depravadas "que practican tales cosas son dignos de muerte" dijo Pablo en el versículo 32.

La tierra de Canaán, que los israelitas iban a poseer estaba llena de la perversa iniquidad de la sodomía u homosexualidad. Esta fue una de las razones por las que Dios les dio tan explícitas instrucciones de que no se casaran ni se mezclaran con los habitantes de esa tierra. Debían evitar todo contacto contaminante que pudiera conducir a Israel a participar de esas prácticas degradantes. Más tarde se les dio instrucciones específicas contra el vestir en forma que podría crear el clima apropiado para cometer este pecado:

> "No vestirá la mujer traje de hombre ni el hombre vestirá **[48]** ropa de mujer; porque es abominable para Jehová, tu Dios, cualquiera que esto hace." (Deuteronomio 22.5).

Porque la sodomía implica un cambio de papeles en el sexo lo cual usualmente está acompañado por la manera de actuar y vestir del sexo opuesto, Dios amonestó a su pueblo a no abrir ninguna puerta de tentación en este asunto. Debían mantener una clara línea de distinción entre el vestido del hombre y el de la mujer. El Nuevo Testamento reafirma este principio de separación en apariencia. Pablo escribió:

> "La naturaleza misma ¿no os enseña que al varón le es deshonroso dejarse crecer el cabello? Por el contrario, a la mujer dejarse crecer el cabello le es honroso, porque en lugar de velo le es dado el cabello." (1 Corintios 11.14-15).

Ahora estamos listos para hacer algunas observaciones acerca del panorama moderno social, lo cual podría explicar por qué vemos el alarmante avance del homosexualismo. Si Dios vio que la confusión en la identificación del sexo podría causar problemas, entonces debemos admitir que tenemos un gran problema. Notamos que hay tres factores en juego hoy día, que jamás han operado juntos en la historia humana. Tomados separadamente, ninguna de estas tres cosas llamaría mucho la atención. Pero cuando vemos el efecto combinado de su influencia, es aterrador aun contemplarlo. Las tres condiciones contemporáneas son estas:

(1) El Movimiento de Liberación Femenina, cuyo propósito declarado es el de intercambiar el rol de hombres y mujeres en muchas de nuestras actividades sociales, económicas y religiosas.

(2) La moda revolucionaria del "pantsuit" [Traje ejecutivo de pantalón y chaqueta para mujer] que ha llevado a la mayoría de las mujeres a abandonar el tradicional estilo del vestido femenino. *[49]*

(3) La tendencia creciente de los hombres a vestirse con vuelos o pecheras, con estilos femeninos de peinados, acompañándolos de desmasculinización.

Esta combinación de circunstancias relacionadas entre sí, probablemente han sido la causa para empujar a millares de dudosos homosexuales más allá de la línea, a la perversión. Muchos de ellos sólo necesitaban la pizca de confusión psicótica que los tres movimientos populares les impusieron.

El Dr. Charles Winick, profesor de sociología de la Universidad de Nueva York, es una autoridad directriz que siente que la corriente en boga de ropas intercambiables entre ambos sexos nos está conduciendo al último desastre. En su llamativo libro, The New People, (La Nueva Gente), describe las numerosas maneras en que el unisexo está desexualizando al pueblo americano. El piensa que aun los que pasan de los 30 años han sido terriblemente afectados por los cambios radicales que los rodean, aunque no se dan cuenta cómo está sucediendo esto. El Dr. Winick señala que aun los serios hombres de negocios están adoptando los modelos de camisas y pantalones con colores llamativos. La sección de los hombres está haciendo excelentes negocios en joyería, artículos perfumados de cuidado personal, peinados postizos, cuidado y tratamiento de las uñas, cremas para la cara y colonias. Redecillas y permanentes se rotulan discretamente con los términos: "para amoldar" y "arreglar el cabello".

En su libro el Dr. Winick cataloga varios cientos de páginas de objetos en nuestra cultura que han llegado a ser neutralizados, suavizados, y consecuentemente aburridos. Por ejemplo: los padres están dando más y más a sus hijos nombres intercambiables tales como Kim, Chris, Leslie, Gene, Lee y Dana. El cree que la forma confusa de distinción del masculino y del femenino está conduciendo a nuestra sociedad hacia una **[50]** situación terrible, porque la gente no puede hacer frente a las situaciones críticas de la vida hasta que no esté segura de la identidad de su sexo. La ropa unisexo está confundiendo y creando serias crisis emocionales a muchos. Al sociólogo Winick no le importa cómo se definan la masculinidad y la feminidad con tal de que se les defina claramente. "Casi cada combinación, en la relación del rol masculino y femenino, puede ser saludable y efectivo, excepto, aquella en que los roles son confusos", escribió él en Medical Opinion and Review, una revista para médicos.

Con escritores bíblicos y expertos sociales, señalando la ropa unisexo como un factor en la creación de confusión sexual, ¿cuál debe ser nuestra actitud personal hacia la propagación de esta moda? Como miembros de la iglesia remanente no hemos sido dejados desorientados en este asunto. Elena G. de White comentó sobre la posición bíblica en estas palabras:

"Se me refirió a Deuteronomio 22:5: 'No vestirá la mujer traje de hombre, ni el hombre vestirá ropa de mujer; porque abominación es a Jehová tu Dios cualquiera que lo hace'... Existe una creciente tendencia de hacer que la vestimenta y la apariencia de las mujeres se parezcan lo más posible a las de los hombres; pero Dios considera esto una abominación." (Testimonios para la Iglesia, tomo 1, págs. 402-403).

Note que ella llama abominación a la confección de las ropas de mujeres muy semejantes a las de los hombres. Así, la cuestión para nosotros no es si las ropas actualmente son del otro sexo. Podrían ser creadas solamente para un sexo, pero podrían ser confeccionadas a la semejanza del sexo opuesto. Así, el estímulo podría ser el de empujar a los bisexuales o a los homosexuales no declarados, más allá de la línea, dentro del campo definido.

Ahora, surge la pregunta: ¿Dónde podría colocarse la línea **[51]** divisoria entre los estilos de vestir de los hombres y las mujeres? Parece no haber desacuerdo acerca del uso de las mismas ropas del otro sexo. Está claramente prohibido. Hay, aparentemente, mucho desacuerdo acerca del grado de similitud que puede existir sin llegar a ser una abominación.

Muchos están convencidos de que el típico "pantsuit" femenino ha sido modelado muy parecido al de los hombres. Pero, si no es así, ¿cuántos pequeños cambios necesitaría para colocarlo dentro de la categoría de ser modelado en esa forma? En ese punto la Sra. White dice que esto sería una abominación.

A medida que los cuellos de los "pantsuits" se ensanchan y los estilos se acercan más y más a los de los masculinos, ¿sería posible detectar el punto de transición de lo elegante a lo abominable?

Cada mes, a medida que el "pantsuit" femenino se adapta ligeramente más hacia el unisexo, las damas adventistas continúan comprando los suyos de los estilos disponibles. Finalmente, un pequeño cambio las colocaría en la categoría de ser "vestidas muy semejantemente a los hombres". En armonía con su estrategia de los últimos días, de introducirse gradualmente, Satanás podría conducir a la iglesia remanente al campo del unisexo, precisamente como condujo a muchas al escándalo de la minifalda. Y esto sería hecho de manera tal que pocas podrían reconocer hacia dónde las conducirían los pequeños pasos. ¿Recuerda los pequeños aros de la falda de la hermana A? En la misma forma ingenua los "pantsuits" femeninos y los afeminados estilos de los hombres podrían traer debilidad y vergüenza a la iglesia remanente.

Muchos sinceros adventistas creen que el Espíritu de Profecía aprueba la moda de los "pantsuits". La verdad es que toma exactamente la posición opuesta. Los condena. La costumbre americana popular de los días de la Sra. Elena G. de White es descrita por ella en estas palabras: **[52]**

> "Consiste en un chaleco, pantalones y un vestido parecido a un saco que llega a media altura entre la cadera y la rodilla. Me he opuesto a este traje debido a lo que se me ha mostrado en

armonía con la Palabra de Dios" (Testimonios para la Iglesia, tomo 1, págs. 409-410. Traducción literal).

¿En qué respecto difiere este vestido del moderno "pantsuit" femenino? Ella estaba describiendo casi exactamente lo que vemos que se está usando por la mayoría de las mujeres de hoy, excepto que el saco de la versión actual es un poco más corto. Más tarde, la Sra. White describió las objeciones que hacían inaceptable ese vestido particular. Vio en visión tres compañías de damas desfilando delante de ella. El segundo grupo estaba usando el vestido que ella describió como el de la costumbre americana. Aquí están sus comentarios:

> "El vestido de la segunda clase de mujeres que pasaron delante de mí era, en muchos aspectos, como debía ser. Los miembros [piernas] estaban bien abrigadas. Estaban libres de la carga que el tirano Moda había impuesto sobre la primera clase. Pero ellas habían ido a tal extremo en lo corto del vestido, que éste producía disgusto y creaba prejuicios en las personas buenas, y destruía en gran medida su propia influencia. Este es el estilo y la influencia de la "moda americana", enseñada y usada por muchos en la revista Our Home (Nuestro Hogar), de Dansville, Nueva York. El vestido no llega a la rodilla. Tengo que decir que este estilo de vestido se me mostró que era demasiado corto." (Mensajes Selectos, tomo 3, pág. 316).

Ahora el cuadro se enfoca en un punto claro. El vestido que fue descrito como "chaleco, pantalones y un vestido parecido a un saco que llega a media altura entre la cadera y la rodilla". En otras palabras, los pantalones aparentemente no eran objetables si éstos eran cubiertos por un vestido el cual debería por lo menos llegar a las rodillas. Por supuesto esto no sucede con los *[53]* "pantsuits" femeninos. Así que no tenemos motivo para sacar la conclusión de que ella aprueba la versión actual de la moda americana del "pantsuit" femenino. Ella declaró definidamente:

> "Vi que los que adoptan el traje americano han revertido la orden de Dios y han desobedecido sus instrucciones especiales. Se me refirió a Deuteronomio 22:5..." (Testimonios para la Iglesia, tomo 1, pág. 402).

Es verdad que algunas blusas de los "pantsuits" son definidamente femeninas, mientras que otras son estrictamente masculinas. Muchas mujeres que son buenas cristianas defienden el uso del tipo femenino, y otras que no son tan dedicadas no ven nada de malo en usar el estilo masculino. No es el propósito de este estudio colocar una línea divisoria entre estos dos estilos para establecer cuál es el erróneo y cuál el correcto.

Nadie, hasta donde tenga conocimiento, podría saber dónde colocar esa línea. Toda hermana adventista debería considerar los peligros que entraña el tomar el primer paso que podría estimular la tendencia al unisexo. Aquellos pasos casi imperceptibles que Satanás usa para conducir a la tentación son a menudo tan inocentes que pueden ser defendidos con justo entusiasmo.

Es verdaderamente difícil discutir el argumento de que los "pantsuits" son más modestos que otros muchos estilos corrientes. Pero a la luz de nuestro conocimiento acerca del "modus operandi" de Satanás y la lección del trigo bueno y las codornices, podríamos preguntar "¿a dónde nos lleva esto?" ¿Podría ser un paso más cerca de la abominación a la cual la Sra. White hace referencia? ¿Podría esto dar ánimo a la señora B para hacer su "pantsuit" un poco más varonil? ¿Y qué acerca de la hermana C la cual podría ir un paso más adelante? Y ellas, juntamente con muchas otras que los usan, todas estarán protestando que no están usando, después de todo, ropas masculinas. *[54]*

Capítulo Cinco
Cosméticos Coloridos y Joyas I

> *"*
> *Cristo dijo: "Si alguno quiere venir en pos de mí, niéguese a sí mismo, tome su cruz cada día y sígame." (Lucas 9.23)*

Una de las quejas más frecuentes y equivocadas que hace la gente contra la religión es que ella es muy restrictiva. En esta época permisiva, cuando parece ponerse todo el énfasis sobre el —haga lo que le parece‖, se ha desarrollado una actitud irrazonable de hacer lo que uno quiere. Esta actitud se ha introducido aun en la religión. Pareciera que, tanto los miembros de la iglesia como los que no lo son, estuvieran buscando la misma cosa: una religión que no interfiera con sus derechos individuales y con su libertad. Se levanta instantáneamente la sospecha contra una doctrina que exige el —abandono‖ de algo.

A medida que este espíritu liberal se ha fortalecido, muchos miembros de iglesia han criticado cada vez más las altas normas espirituales sostenidas por la iglesia. Obviamente mortificados por la amplia separación que existe entre la iglesia y el mundo, y no queriendo hacer frente al estigma social de ser una minoría "peculiar", han tratado de justificar sus compromisos con el mundo en el campo de las normas cristianas. Argumentan a menudo que la iglesia ha sido estrecha y legalista, y que mucha gente buena ha sido desanimada de unirse a la iglesia a causa de su —imposición arbitraria de reglas‖.

Si estas quejas son válidas, entonces seguramente necesitan realizarse algunos cambios básicos en las doctrinas de la iglesia. Si no son válidas, entonces necesitamos saber con urgencia cómo presentar las normas cristianas de conducta en su verdadero marco bíblico. En otras palabras, debemos establecer definidamente si estas reglas fueron hechas por Dios o por la *[55]* iglesia. Debemos también comprobar si son prohibiciones arbitrarias o reglas de conducta de un Dios de amor para nuestra propia felicidad.

En contraste con la rebelión popular en contra de toda ley absoluta de conducta individual, debemos considerar los hechos de la Biblia acerca de la vida cristiana en general y morales en particular. ¿Cuán compatibles son estas exigencias modernas de libertad personal con las normas de la palabra de Dios? Supongamos que la verdadera posición bíblica pudiera presentarse con todo el amor y la persuasión de un ángel del cielo. ¿Sería fácil que cualquier persona la aceptara?

Encaremos el asunto. La senda hacia la vida eterna no es suave, ni camino florido de comodidad. Jesús puso tal énfasis sobre esto en tantos textos que no es posible que quedemos ciegos al respecto. Él dijo: "pero angosta es la puerta y angosto el camino que lleva a la vida, y pocos son los que la hallan." (Mateo 7.14). Uno de los principios fundamentales del cristianismo es la abnegación. Cristo dijo: "Si alguno quiere venir en pos de mí, niéguese a sí mismo, tome su cruz cada día y sígame." (Lucas 9.23). Ser cristiano implica una completa rendición. La parábola de nuestro Señor, de la perla y el comerciante, revela que debemos estar dispuestos a invertirlo todo para obtener aquel tremendo galardón de la vida eterna. Si permitimos que alguna cosa o persona se interpongan entre nosotros y Cristo, para que no hagamos su voluntad, no podemos ser salvos.

¿Hemos sido culpables de rebajar el precio del discipulado de modo que la gente no pueda sentir que la senda es demasiado angosta y de mucha restricción? Jesús dijo: "Así, pues, cualquiera de vosotros que no renuncie a todo lo que posee, no puede ser mi discípulo." (Lucas 14.33). Jesús le dijo al joven rico que le faltaba sólo una cosa en su preparación para el cielo; pero él no estaba dispuesto a hacer aquella sola cosa. Tendría que haber sometido sus riquezas para poder salvarse, pero no quería *[56]* entregarlas. Amaba sus bienes terrenales más de lo que amaba a Jesús, y se fue triste, y se perdió. La posición de Cristo en este punto era tan fuerte que aun dijo: "El que ama a padre o madre más que a mí, no es digno de mí; el que ama a hijo o hija más que a mí, no es digno de mí;" (Mateo 10.37).

Ahora, creo que debemos buscar la manera más bondadosa, amable y llena de tacto para presentar las demandas de Cristo a los hombres y mujeres. Pero creo también que hace muy poca diferencia la manera cómo se presenta, si los individuos no aman al Señor Jesús. La falta no está en el mensaje; algunas de las fallas están en la manera en que los predicadores presentan la verdad; la mayor falta está en la actitud de los cristianos quejumbrosos que se rebelan contra la verdad porque requiere un alto grado de negación propia.

Permítaseme ilustrar cómo los sentimientos personales y la actitud pueden hacer toda la diferencia en el mundo. El matrimonio es una de las experiencias más restrictivas que un ser humano puede asumir voluntariamente en este mundo, aparte de su entrega espiritual a Cristo. El hombre promete abandonar muchas de sus vinculaciones y prácticas anteriores. Renuncia a su libertad de cortejar a otras chicas, y solemnemente se une a aquella con la cual quedará atado por el resto de su vida. La novia también hace similares promesas restrictivas, y está de acuerdo en olvidar a todos los demás por su devoción al hombre que está a su lado. Las promesas del matrimonio sin duda están entre las más estrechas y rígidas que un ser humano puede hacer durante su vida. Si restricciones y reglas son la causa de tanta miseria, entonces el matrimonio sería la más miserable e infeliz de las experiencias en todo aspecto. ¡Pero no es así! Es el más feliz evento. ¿Por qué? ¿Por qué está la novia tan radiante mientras está de pie para entregar al novio su propia vida? ¿Cómo puede el hombre estar tan feliz al hacer las promesas que restringirán sus actividades por el resto de su vida? La respuesta es sencilla. Se *[57]* aman el uno al otro. Es su actitud y sentimiento del uno al otro lo que convierte en un gozo el aceptar las restricciones.

¿Ha oído a una novia quejarse después de la ceremonia? Probablemente nadie la ha oído decir amargamente: —Ahora no puedo tener más una cita con Santiago o con Andrés. Esto no está bien. El estado me obliga a ser fiel a mi esposo. Este negocio del matrimonio es demasiado restrictivo‖. No, no ha oído esto jamás. Tampoco ha oído a un nuevo esposo quejarse diciendo que está compelido a dar parte de su salario para sostener a su esposa. Es verdad que la ley demanda esto bajo pena de prisión, pero ni siquiera él está consciente de la ley. La ley del Estado está lista a condenar a la esposa, si comete adulterio, pero ella ni siquiera piensa en una ley tal. Ellos se aman y el amor cambia todas las cosas. No están manteniéndose fieles por medio del castigo. Se mantienen fieles porque quieren agradar a la persona que aman tan profundamente.

Los hombres y mujeres más miserables en este mundo son aquellos que están casados y que ya no se aman más el uno al otro. Aquí está casi literalmente el infierno en la Tierra. Se enojan y se quejan acerca de las restricciones e imposiciones que pesan sobre ellos. De modo similar, los miembros de iglesia más infelices en todo el mundo son aquellos que se han casado con Cristo mediante el bautismo, y sin embargo, no le aman. A menudo están amargamente echando la culpa a la iglesia y a sus instructores por imponerles su religión estrecha y restrictiva.

Pero, ¿es la religión o los pastores los que andan mal? El hecho triste es que esta gente nunca entró en una relación personal de amor con Dios, lo cual es la piedra angular del cristianismo genuino. Muchos han aprendido los textos correctos del curso bíblico que estudiaron, y son capaces de explicar el orden de los acontecimientos de los últimos días, pero no han tenido un encuentro personal con Cristo Jesús. En alguna parte, o quizás en todas partes, a través de la línea de su adoctrinamiento, *[58]* no se les enseñó, o no eligieron aceptar las verdaderas bases de una religión de corazón. No es un conjunto de reglas o una lista de doctrinas, sino una profunda y estrecha relación de amor con Jesucristo.

La dificultad con millones de cristianos es el motivo por el cual son miembros de iglesia. Tienen una religión para escapar del fuego. Hacen ciertas cosas solamente porque tienen miedo del fuego al fin del camino. Sirven al Señor por miedo, porque tiemblan al pensar en que serán arrojados en el lago de fuego. No es extraño que tengan la cara larga y que sean miserables. ¡Qué perversión de la verdad! Los cristianos deberían ser los seres más felices de este mundo; más felices aún, que los recién casados al salir de la iglesia. El cristiano debe amar al Señor aún más de lo que el esposo ama a su esposa o a su familia.

¿Piensa usted que un hogar podría ser feliz si la esposa preparara para su esposo su plato favorito cada día por que tiene miedo que él se divorcie de ella? Las relaciones humanas terrenales se derrumbarían bajo una carga tal. Ella prepara esa comida porque ama a su esposo y desea complacerlo. Cuando se aproxima el cumpleaños de la esposa, un esposo cristiano y cariñoso a menudo vigila y presta atención a alguna indicación acerca de lo que a su esposa le gustaría tener. Y generalmente ella no tiene que golpearle en la cabeza para hacerle saber lo que quiere. El alegremente le compra el regalo porque la ama y desea complacerla. De la misma manera el cristiano estudiará la Biblia cada día para saber cómo agradar a Dios. Estará vigilando constantemente las señales e indicaciones que le muestren la manera cómo agradar a Aquel a quien ama por sobre todas las cosas. En la versión de la Biblia del Siglo XX, leemos estas palabras:

—Procurando siempre hallar lo que más le agrada al Señor. (Efesios 5:10). *[59]*

¡Qué lema para cada cristiano! Verdaderamente este es el supremo deseo de aquellos que aman al Señor sinceramente. No es nada extraño que Cristo resumiera los cuatro primeros mandamientos de la ley en estas palabras:

"'Amarás al Señor tu Dios con todo tu corazón, con toda tu alma y con toda tu mente'. Este es el primero y grande mandamiento." (Mateo 22.37-38).

La verdadera razón por la que algunos cristianos se molestan y se quejan acerca de la rigidez de las reglas es porque sólo tienen religión suficiente como para hacerlos mezquinos. La esfera de su ―experiencia‖ cristiana está basada en una lucha constante para vivir en conformidad con las reglas, en un esfuerzo para guardar la ley. Ciertamente no hay nada malo en obedecer los mandamientos de Dios, más de lo que hay en que un marido obedezca la ley del Estado para mantener a su esposa. Pero si la única razón para obedecer la ley es la obligación que le impone el Estado, entonces hay algo que anda mal con el cristiano y con el esposo. El amor levanta la carga legal y hace deleitoso aquello que podría ser una carga agobiadora.

Una madre de tres muchachos tenía una lucha terrible para mantener en vigor las leyes de la buena apariencia y limpieza. Como la mayor parte de los muchachitos, estos tres se oponían a las reglas de lavarse las orejas, peinarse el cabello y lustrarse los zapatos. Era una batalla diaria que la madre ganaba sólo mediante el brazo poderoso de la autoridad y de la fuerza. Pero un día el muchacho más grande, que ya pasaba de los 13, caminaba fuera de su cuarto y parecía un modelo de impecable limpieza. Cada cabello parecía estar exactamente en el lugar correspondiente y los zapatos por debajo del doblez del pantalón estaban brillando a la perfección. La madre casi se desmayó. Incapaz de detener la sorpresa y deleite, decidió sabiamente, esperar cautelosamente la respuesta al por qué de este cambio de acontecimientos. La solución al enigma no tardó mucho en llegar. Precisamente al día *[60]* siguiente la madre supo que una familia se había mudado a la misma manzana y que había una chica en la familia. Tal vez la chica no había visto a Juancito, pero él la había visto a ella y esto lo había afectado profundamente. No podemos decir que fue el amor el que cambió su actitud hacia las leyes de la buena apariencia, pero ciertamente él ya no se aseaba por miedo a las imposiciones obligatorias de la madre.

La cuestión es que la vida cristiana no se compone precisamente de ―haz esto‖ y ―no hagas aquello‖. De seguro que hay restricciones en este matrimonio espiritual como las hay en el matrimonio físico. Pero esas restricciones son impuestas por amor, el cual busca siempre complacer al objeto de sus afectos. Esos cristianos que aman a Jesús son exuberantes, testigos radiantes de que este es el camino de la verdadera felicidad. Desafortunadamente, hay un grupo muy grande de miembros de iglesia que están sufriendo miserablemente aquello que se podría gozar con toda felicidad. Están amargados y se quejan de que no pueden comer lo que les place o vestirse como les gustaría. Culpan a la iglesia porque los obliga a abandonar tantas cosas. Su religión se asemeja mucho al hombre con un dolor de cabeza. No quería cortarse la cabeza, pero le dolía el retenerla. Su actitud triste parece indicar que su religión es el resultado de alguna junta de adustos predicadores resueltos a incluir todas las reglas prohibitivas que podrían hacer infelices a hombres, mujeres y jóvenes.

Pero, ¿es esto verdad? ¿Qué acerca de los principios espirituales que forman la doctrina que llamamos las normas cristianas||? ¿Es una ley arbitraria de la iglesia el que no debamos asistir al teatro? ¿Es la decisión de Dios o la decisión del hombre definir que el baile es impropio para un cristiano? ¿Y qué acerca de los cosméticos de variados colores y de las joyas? ¿Agrada eso al Señor, o le desagrada? La verdad es que cada punto de nuestra fe y doctrina debería estar basado profundamente en el gran *[61]* principio de hacer la voluntad de Dios tal como está revelada en la Biblia. El amor hacia él provocará siempre esta pregunta: ¿Cómo puedo tratar de hacer siempre lo que más le agrada al Señor?

La respuesta a esta pregunta se encuentra en veintenas de textos bíblicos que nos dan indicaciones y señales claras acerca de cómo agradarle, en vez de complacernos a nosotros mismos. Esta es la única pregunta realmente relevante concerniente a cualquier actividad o práctica: ¿Qué piensa Dios acerca de ello? No importa lo que éste o aquél predicador piense de ello, o lo que ésta iglesia o aquélla, crea acerca de eso. La grande y más importante pregunta es ésta: ¿Le agrada al Señor o le desagrada? Si encontramos textos que revelan que Dios no aprueba esto o aquello, no debería haber más debate para el genuino cristiano. Nosotros le amamos demasiado como para correr el riesgo de desagradarle. Nuestro mayor deleite debería ser el de llegar a conocer y ejecutar aquellas cosas que agradan a Aquél a quien amamos, y el de eliminar de nuestras vidas aquellas cosas que le desagradan.

Cuando las personas están enamoradas no necesitan amenazarse o colocar ultimátums. Constantemente buscan maneras de mostrar su amor y complacer al otro. Aquellos que cumplen el primero y Gran Mandamiento de Cristo no sentirán el obedecer como una carga. Dios está buscando a aquellos que serán sensibles ante la indicación más leve de su voluntad. No se complace de aquellos que tienen que ser constantemente empujados por el miedo al castigo. Dios dice: "Te haré entender y te enseñaré el camino en que debes andar; sobre ti fijaré mis ojos. No seáis como el caballo, o como el mulo, sin entendimiento, que han de ser sujetados con cabestro y con freno, porque si no, no se acercan a ti." (Salmos 32.8-9).

Muchos cristianos son seguidores del "cabestro y del freno". Responden solamente a las amenazas, y obedecen porque temen *[62]* al castigo. Dios dice además: "sobre ti fijaré mis ojos". Solamente aquellos que lo aman sobre todas las cosas y que están atentos a las cosas que le agradan, reconocerán la mirada cariñosa de la corrección divina. Escudriñando la Biblia con el propósito de descubrir lo que al Señor le gusta, inmediatamente obedecerán la revelación más leve de su voluntad. Ésta es la esencia del verdadero Cristianismo: Colocar cada detalle de la vida en armonía con la voluntad revelada de Dios, por amor a él. *[63]*

Capítulo Seis
Cosméticos Coloridos y Joyas II

> *"Por lo demás, hermanos, os rogamos y exhortamos en el Señor Jesús que, de la manera que aprendisteis de nosotros cómo os conviene conduciros y agradar a Dios, así abundéis más y más." (1 Tesalonicenses 4.1).*

Con este pequeño trasfondo de cómo hacer del amor el factor motivante al establecer las normas cristianas, estamos ahora mejor preparados para ilustrar cómo operan los principios en la práctica. Aunque cualquiera de las normas de conducta de la iglesia podría ser usada, elegiremos una que ha traído considerables quejas: el uso de cosméticos coloridos y joyas. Multitudes de miembros sinceros han puesto a un lado el uso de estos adornos artificiales "porque la iglesia dice así". Esta es una razón pobre para hacer algo en la vida cristiana. Esperamos que, después de leer este capítulo, las explicaciones acerca de las reglas arbitrarias de la iglesia sobre el asunto darán lugar a la convicción personal basada en el propósito de amar y agradar al Señor.

Repetidas veces, los pastores han tenido que hacer frente a esta pregunta: "¿Qué hay de malo con mi pequeño anillo de matrimonio? ¿Piensa usted que Dios me dejará fuera del cielo por el solo hecho de usar esta pequeña joya?" Mi propio corazón se ha desmayado y turbado en muchas ocasiones a causa de esta manera negativa de acercarse al cristianismo. Note lo que la pregunta implica. El que pregunta está obviamente interesado en saber cuánto es lo menos que puede hacer, y todavía ir al cielo. Su actitud refleja un deseo legalista de hacer solamente las cosas establecidas como leyes divinas, "hazlo porque si no..."

Pero este acercamiento es ¡erróneo, erróneo, erróneo! El verdadero cristiano no preguntará: "¿Cuánto tengo que hacer a fin de permanecer como un hijo de Dios?", sino más bien, "¿cuánto *[64]* puedo hacer para agradar a Jesús a quien amo?". Este es el acercamiento positivo basado en la búsqueda de la voluntad de Dios sobre el asunto y en amarlo lo suficiente como para hacer alegremente su voluntad tal como está revelada en la Biblia. Una vez que esta premisa de buena disposición y amor es aceptada, sólo queda escudriñar las Escrituras para encontrar las indicaciones de la voluntad de Dios concernientes al uso de los cosméticos coloridos y los ornamentos. Esto es lo que ahora procederemos a hacer.

Dios le dijo a Jacob que llevara su familia a Bethel donde sería presentada al altar del Señor. Este era un lugar muy sagrado para Jacob; el lugar de su conversión en días pasados, después de haber visto la escalera celestial en un sueño. Pero antes de que pudiera ser consagrada en aquel sagrado lugar, Jacob dijo a su familia:

> "Quitad los dioses ajenos que hay entre vosotros" (Génesis 35.2).

Aparentemente la familia había adoptado algunas de las costumbres paganas de la tierra en la que peregrinaba. Había ciertos objetos que tenían que ser quitados antes que fuera al altar de Dios, puesto que eran objetos paganos. Note en el versículo 4 lo que eran estos objetos:

> "Ellos entregaron a Jacob todos los dioses ajenos que tenían en su poder y los zarcillos que llevaban en sus orejas, y Jacob los escondió debajo de una encina que había junto a Siquem." (Génesis 35.4).

En Jueces 8:24 se nos asegura que los que usaban aretes eran ismaelitas. El contexto quiere decir, con cierto énfasis que ellos usaban estos ornamentos como una señal de su apostasía del verdadero Dios. El capítulo 34 de Génesis revela que los hijos de Jacob habían cometido algunos pecados graves y que Jacob había *[65]* venido delante de Dios para hacer una expiación solemne por ellos y por su familia. Fue un tiempo de escudriñamiento del corazón y de arrepentimiento. Todo fue hecho para enmendar los errores y para abrir el camino para que la bendición de Dios se derramara sobre ellos. La costumbre de usar ornamentos paganos fue abandonada, juntamente con los dioses extraños. Los aretes fueron puestos a un lado.

Bajo similares circunstancias tuvo lugar una reforma que está relatada en Éxodo 33.1-6. Una apostasía terrible se había desarrollado en el capítulo anterior, mientras Moisés estaba en el monte recibiendo los diez mandamientos. Un gran número de israelitas habían adorado el becerro de oro, trayendo plaga y destrucción que amenazaba la nación. Moisés los llamó al arrepentimiento con estas palabras: "Hoy os habéis consagrado a Jehová, pues cada uno se ha consagrado en su hijo y en su hermano, para que él os dé hoy la bendición." (Éxodo 32.29).

En el próximo capítulo se nos dice que Moisés fue al tabernáculo para rogar a Dios en favor de su pueblo; por los que todavía estaban adornados con sus ornamentos paganos del día de la complacencia y del pecado. La instrucción que Dios dio para la restauración de Israel incluía un cambio de vestido, precisamente como fue antes en el caso de Jacob y su familia. Dios dijo:

> "Di a los hijos de Israel: 'Vosotros sois un pueblo muy terco. Si yo subiera un momento en medio de ti, te consumiría. Quítate, pues, ahora tus atavíos, para que yo sepa lo que te he de hacer'. Entonces los hijos de Israel se despojaron de sus galas desde el monte Horeb" (Éxodo 33.5-6).

Se nos ha dejado fuera de duda en lo que atañe a la actitud de Dios hacia el uso de estos ornamentos. Dios, que no cambia, les dijo que se quitaran esas cosas y que se presentaran a juicio, para responder por su apostasía. Es más que un interés pasajero notar *[66]* que esta prohibición fue dada en conexión con su entrada a la tierra prometida. Dios dijo: "Yo enviaré delante de ti el ángel, y echaré fuera al cananeo, al amorreo, al heteo, al ferezeo, al heveo y al jebuseo. Subirás a la tierra que fluye leche y miel, pero yo no subiré contigo, no sea que te destruya en el camino, pues eres un pueblo muy terco" (Éxodo 33.2-3). Es significativo que se les requiriera que se quitaran sus ornamentos antes que pudieran entrar en la tierra prometida. ¿Tiene esto algo que ver con nosotros? Ciertamente que sí. Pablo lo asegura:

> "Todas estas cosas les acontecieron como ejemplo, y están escritas para amonestarnos a nosotros, que vivimos en estos tiempos finales" (1 Corintios 10.11).

El apóstol compara la experiencia de Israel en el mar rojo con el bautismo en el versículo 2. En los versículos 7 y 8 se refiere a la gran apostasía en que cayeron cuando hicieron el becerro de oro. A continuación explica en el versículo 11 que esas cosas que a ellos les sucedieron fueron para "amonestarnos a nosotros". Esto puede significar solamente que la forma como Dios los trató en su apostasía es para enseñarnos algo. Su orden de quitarse los ornamentos antes de entrar en la tierra de Canaán se aplica a nosotros antes de entrar en la Canaán celestial. El paralelo es obvio en el contexto.

El primer informe bíblico existente, relacionado con los cosméticos se halla en el siguiente pasaje:

> "Después se fue Jehú a Jezreel. Al enterarse Jezabel, se pintó los ojos con antimonio, atavió su cabeza y se asomó a una ventana." (2 Reyes 9.30).

Muchos han cuestionado el origen de la expresión "pintada como Jezabel". La historia de esta infame reina pagana que mandó a matar a centenares de profetas de Dios, es bien conocida por los estudiantes de la Biblia. Trazar el origen bíblico de la *[67]* costumbre hasta Jezabel ciertamente arroja una sombra impía sobre dicha práctica. Pero nosotros veremos dentro de un momento que el uso de cosméticos coloridos ha sido una marca definida de las mujeres paganas y de las mujeres infieles a través del registro bíblico.

A través del profeta Isaías, Dios envió una de las más severas acusaciones acerca de las joyas que se encuentran en la Biblia. En ninguna parte podemos hallar una revelación más directa e inequívoca de la actitud de Dios hacia el uso de ornamentos. En el libro de Isaías Dios no sólo nos habla acerca de los ornamentos en general, sino que da una larga lista de articulas específicos que eran usados por las "hijas de Sión". Ahora, notemos si Dios, que es el mismo ayer, hoy y siempre, se agradaba con el uso de estas cosas:

> "Asimismo dice Jehová: 'Por cuanto las hijas de Sión se ensoberbecen y andan con el cuello erguido y ojos desvergonzados; que caminan como si danzaran, haciendo

sonar los adornos de sus pies; por eso, el Señor rapará la cabeza de las hijas de Sión, y Jehová descubrirá sus vergüenzas'. Aquel día quitará el Señor el adorno del calzado, las redecillas, las lunetas, los collares, los pendientes y los brazaletes, los turbantes, los adornos de las piernas, los partidores del pelo, los pomitos de olor y los zarcillos, los anillos y los joyeles de las narices" (Isaías 3.16-21).

Hagamos una pausa en medio de esta descripción y preguntemos: ¿Cómo quitará el Señor estas cosas? En el siguiente capítulo leemos: "Cuando el Señor lave la inmundicia de las hijas de Sión y limpie a Jerusalén de la sangre derramada en medio de ella, con espíritu de juicio y con espíritu de devastación" (Isaías 4.4). *[68]*

No pasemos por alto el hecho de que Dios se refiere a todos estos objetos de adorno como "inmundicia". Describe más gráficamente a los que sobreviven al lavamiento de los ornamentos: "En aquel tiempo el renuevo de Jehová será para hermosura y gloria, y el fruto del país para grandeza y honra, a los sobrevivientes de Israel. Y acontecerá que el que quede en Sión, el que sea dejado en Jerusalén, será llamado santo: todos los que en Jerusalén estén registrados entre los vivientes" (Isaías 4.2-3).

Como para reforzar su evaluación del orgullo excesivo desplegado por las mujeres, Dios hace la siguiente observación:

"La apariencia de sus rostros testifica contra ellos, porque como Sodoma publican su pecado. ¡No lo disimulan! ¡Ay de sus vidas!, porque amontonaron mal para sí" (Isaías 3.9).

No se permite que quede ninguna pregunta acerca de la pecaminosidad del adorno exterior. Sus rostros decorados estaban involucrados en la vanidad, a tal grado que Dios usó el maquillaje de las mujeres como un ejemplo de desvergonzada desfachatez.

Sería bueno tomar nota en este punto que Dios identifica los "anillos" como parte de las "inmundicias de las hijas de Sión". ¿De qué clase de anillos estaba hablando? Los alumnos del último año de la secundaria nos contestarán inmediatamente: "El anillo de mi clase es un símbolo de que soy un alumno del último año del colegio secundario. No es usado como un ornamento. Dios estaba hablando de otras clases de anillos". El masón defenderá su anillo masónico con similares palabras: "Dios no estaba hablando acerca de mi anillo. Este simplemente significa que yo pertenezco a la Logia". Entonces están los anillos con la piedra del mes de nacimiento, los anillos de compromiso, y los anillos de matrimonio, estos también tienen un significado simbólico. Cuán fácil es justificar el que estamos usando y decir que Dios no está hablando de ése. Pero, ¿cómo sabemos que Dios *[69]* no estaba hablando del anillo que estamos usando? ¿No sería presunción pensar que Dios hace una excepción del anillo que estamos usando, justamente porque no deseamos abandonarlo?

Después de todo, ¿por qué estamos estudiando la Biblia sobre este asunto? ¿No estamos tratando de hallar lo que más agrada al Señor? No estamos buscando excusas para evitar hacer lo que le agrada. Nuestro único propósito es descubrir su voluntad para cumplirla. Le amamos demasiado para correr el riesgo de desagradarle. Esta es la razón por la cual el verdadero cristiano no argumentará acerca de la clase de anillo, ni buscará razones para ir en contra de la voluntad de Dios. Ponga a un lado todos los anillos. ¿No es obvio que si se puede defender un anillo simbólico, podrían defenderse todos los anillos simbólicos? En ningún lugar encontramos un sólo precedente bíblico para el uso de una señal física del matrimonio. La historia del anillo de matrimonio está manchada con la adoración pagana del sol y la superstición papal. Ni un solo argumento en su favor tiene suficiente peso en comparación con el gran hecho de que ¡no es agradable al señor! Un cristiano carnal puede argumentar que no es cierto que uno se pierda por usar un anillo. Pero el cristiano que ama a Dios supremamente responderá que es suficiente saber que desagrada a nuestro Amante y Amigo.

El profeta Jeremías, así como otros escritores del Antiguo Testamento, añadieron más consejos concernientes al tipo de gente que usaba ornamentos artificiales. Dios inspiró a aquellos santos hombres para representar proféticamente a la iglesia como a una mujer. Cuando el pueblo de Dios estaba en apostasía, fue representado por el profeta como una ramera o una mujer infiel. Así, leemos textos como los siguientes:

"Y tú, destruida, ¿qué harás? Aunque te vistas de grana, aunque te adornes con atavíos de oro, aunque pintes con antimonio tus ojos, en vano te engalanas, pues te desprecian tus amantes, los que buscan tu vida" (Jeremías 4.30). *[70]*

Por medio de Ezequiel, Dios simbolizó su pueblo apóstata, Judá e Israel, por dos rameras llamadas Ahola y Aholiba. La descripción de su atrevida ornamentación hace juego con su conducta lujuriosa:

"Además, enviaron en busca de hombres que vinieran de lejos, a los cuales había sido enviado un mensajero, y vinieron. Por amor de ellos te lavaste, te pintaste los ojos y te ataviaste con adornos;" (Ezequiel 23.40).

Oseas expresa el mismo pensamiento cuando describe la hipocresía de Israel. Nuevamente la infidelidad estaba bien dramatizada por una mujer adornada:

"La castigaré por los días en que quemaba incienso a los baales, cuando se adornaba con sortijas [anillos] y collares y se iba tras sus amantes olvidándose de mí, dice Jehová." (Oseas 2.13).

Vez tras vez, la Biblia relaciona el uso de los cosméticos y joyas con el pecado, la apostasía y el paganismo. Cuando se apartaban de Dios se ponían sus ornamentos los cuales, como dice Isaías, declaran su pecado. No hacen falta textos que indiquen la verdad claramente y sin equivocación: el gran Dios del cielo estaba disgustado con estas cosas, y las usaba para simbolizar el desvío de su voluntad.

Volviendo al Nuevo Testamento el cuadro se enfoca más nítidamente aún. Juan, en el libro de Apocalipsis describe a la mujer escarlata del pecado (simbolizando a la iglesia falsa) como:

> "La mujer estaba vestida de púrpura y escarlata, adornada de oro, piedras preciosas y perlas, y tenía en la mano un cáliz de oro lleno de abominaciones y de la inmundicia de su fornicación" (Apocalipsis 17.4).

En contraste, la verdadera iglesia está representada en *[71]* Apocalipsis 12:1 como una mujer hermosa vestida con la gloria del sol. A esta mujer se la llama la esposa de Cristo en Apocalipsis 21:9. Note que la esposa de Cristo no usa ningún ornamento. Estos tipos de los sistemas religiosos falso y verdadero también señalan la evaluación que Dios hace del uso de adornos artificiales.

Dos textos finales de los escritos de Pedro y Pablo nos revelarán el firme y consistente punto de vista de la iglesia cristiana primitiva concerniente a esta práctica. Ambos valientes ocuparon posiciones de influencia entre los discípulos, y sus cartas llenas del Espíritu Santo representan el inalterable punto de vista de la iglesia apostólica. Pablo escribió:

> "Asimismo, que las mujeres se atavíen de ropa decorosa, con pudor y modestia: no con peinado ostentoso, ni oro ni perlas ni vestidos costosos, sino con buenas obras, como

corresponde a mujeres que practican la piedad." (1 Timoteo 2.9-10).

Pedro escribió en forma muy parecida, excepto que él se dirigió especialmente a las mujeres cristianas que tenían esposos incrédulos:

"Asimismo vosotras, mujeres, estad sujetas a vuestros maridos, para que también los que no creen a la palabra sean ganados sin palabra por la conducta de sus esposas, al considerar vuestra conducta casta y respetuosa. Vuestro atavío no sea el externo de peinados ostentosos, de adornos de oro o de vestidos lujosos, sino el interno, el del corazón, en el incorruptible adorno de un espíritu afable y apacible, que es de grande estima delante de Dios," (1 Pedro 3.1-4).

Estas palabras de Pedro contienen consejos para cada esposa cristiana de la iglesia hoy, y hacen frente a uno de los más intrincados problemas que deben resolver las mujeres cristianas cuyos maridos no están con ellas en la fe. ¿Cuán lejos debiera ir *[72]* la mujer creyente al tratar de agradar a su marido inconverso? ¿Hasta qué grado debería comprometer la verdad de Dios en pequeñas cosas para que las cosas vayan suavemente en el hogar y posiblemente para ayudar a su esposo? El consejo de Pedro es sencillo y muy definido. No compromete la verdad ni los principios en nada. Aún cuando a la esposa no se le permita hablar acerca de su fe, puede ganar a su esposo por su " conducta casta y respetuosa".

Pero, note como ha de manifestarse la conducta de la esposa cristiana. Pedro afirma que ella ganará a su esposo más fácilmente poniendo a un lado los adornos exteriores. Seguramente el Espíritu de Dios anticipó el dilema de la señora que piensa que necesita usar el anillo de matrimonio para agradar a su marido, aunque ella sabe que esto no agrada al Señor. Este texto hace sumamente claro que Dios debería venir primero, y que una decisión tal hará mucho más para ganar a su esposo que ningún otro curso de acción. Centenares de evangelistas y pastores podrían dar testimonio de que esto es verdad. Las mujeres que finalmente llevan a sus esposos a la verdad son aquellas que sostienen firmemente las normas de la Palabra de Dios. Las que no ganan a sus compañeros son aquellas que rebajan las normas en cosas pequeñas para adaptarse mejor a sus esposos incrédulos.

Esto podría parecer contradictorio, pero en la práctica los resultados son demostrables. Tan pronto como la esposa deja de vivir en armonía con todos los puntos de su propia fe, el esposo imagina que no debe ser muy importante. No se siente incitado a hacer algo que ni aun demanda el pleno acatamiento de su dulce y cristiana esposa. Pero si ella toma la firme determinación de agradar al Señor por sobre todas las cosas, aún frente al disgusto de su esposo, éste quedaría profundamente convencido de que este "pedacito de religión" debe ser importante. Probablemente no dirá nada acerca de sus verdaderos sentimientos. De hecho, *[73]* podría sentir gran indignación, pero en lo íntimo de su conciencia se despertará su respeto y admiración por la firme y concienzuda posición de su esposa.

Debemos anticipar aquí el argumento que adelantan las señoras que no están inclinadas a desprenderse de sus anillos de matrimonio. Ellas dicen: "Yo no quiero desprenderme de mi anillo porque es la señal de que soy casada. Estoy orgullosa de mi esposo. Quiero que todos sepan que soy casada. Creo que el matrimonio es la cosa más importante y sagrada". Nadie puede encontrar falta en esos sinceros sentimientos expresados. Cada mujer debe amar a su esposo y estar orgullosa de él. El matrimonio es importante, y ella debe desear que todos sepan que es casada. Pero, hagamos esta pregunta: ¿Hay algo en la vida de una persona que es más importante que el matrimonio? Sí, precisamente hay algo que es mucho más importante que estar casados con un ser humano y esto es: estar casados con Cristo. Las demandas del amor de Cristo son las únicas que deberían tener prioridad sobre el amor del esposo a la esposa. A la luz de todas las abrumadoras evidencias bíblicas, hemos descubierto que los ornamentos desagradan al Señor, nuestro Amante. Es verdad que el anillo de matrimonio le dirá a todos que la esposa está casada con su esposo, pero también dirá algo más. Dirá que ha elegido agradar a su marido antes que al Señor Jesús. Revelará además que está colocando la voluntad de algún otro por encima de la voluntad de Dios revelada en la Biblia. En tal caso está dando un mal testimonio.

Algunos podrán objetar que tal conclusión es demasiado fuerte. Algunos están tentados a decir: "Usted está juzgando y probando mi cristianismo por una cosa pequeña como es el anillo o un adorno". No, este no es el caso. Es el amor a Dios el que está siendo probado, y la Biblia señala claramente el criterio para la prueba. Esta prueba no sólo comprende el guardar los mandamientos de Dios, claramente revelados, sino también incluye el poner a un lado todo lo que descubramos que no le *[74]* agrada. Aquí está la evidencia:

> "y cualquiera cosa que pidamos la recibiremos de él, porque guardamos sus mandamientos y hacemos las cosas que son agradables delante de él." (1 Juan 3.22).

No pase por alto las dos cosas que los verdaderos cristianos deben hacer siempre. Obedecen los claros y directos requerimientos que Dios ha puesto en su ley, pero también van más allá, buscando todo lo que podría complacerle. ¿Recuerda el pasaje de Pablo? —Procurando siempre hallar lo que más le agrada al Señor.‖ (Efesios 5:10). Jesús también ejemplificó y dramatizó este principio divino en su propia vida y enseñanzas, al decir:

> "No me ha dejado solo el Padre, porque yo hago siempre lo que le agrada." (Juan 8.29).

Los mandamientos arbitrarios son obvios aun para el hombre carnal, pero las pequeñas cosas que agradan a Dios son reveladas solamente al corazón amante del cristiano que investiga la Palabra de Dios buscando las indicaciones de su voluntad. Es un hecho solemne que aquellos que han de ser salvados en ocasión de la segunda venida de Jesús están simbolizados por Enoc, de quien se dice:

> "Por la fe Enoc fue traspuesto para no ver muerte, y no fue hallado, porque lo traspuso Dios; y antes que fuera traspuesto, tuvo testimonio de haber agradado a Dios." (Hebreos 11.5).

Pablo describe la gloriosa venida de Cristo en 1 Tesalonicenses 4:16. En el mismo texto él describe la resurrección de los justos muertos, y el recogimiento de los justos vivientes. Pero, hablando de esos santos que estarían listos para la traslación, dice:

> "Por lo demás, hermanos, os rogamos y exhortamos en el
> [75] Señor Jesús que, de la manera que aprendisteis de nosotros cómo os conviene conduciros y agradar a Dios, así abundéis más y más." (1 Tesalonicenses 4.1).

Una de las señales de los que han sido redimidos de la tierra es su deseo de agradar al Señor en todas las cosas. Considere esto: Si usted conoce cierta cosa que agrada al Señor, y sin embargo rehúsa hacerla, ¿qué está haciendo realmente? Está agradando a algún otro por encima del Señor. Usted podrá decir: "Pero, es tan pequeña, tan pequeña cosa". Por supuesto que es una cosa pequeña, pero el amor es probado por las cosas pequeñas que hacemos los unos por los otros. Pregunte a un ama de casa si esto es así o no. Su esposo le puede dar una máquina de lavar en su cumpleaños y ella la apreciará. Pero si le trae al hogar algunas flores y le dice: "Querida, permíteme ahora secar los platos". Cualquier señora le dirá que esto significa más que una máquina de lavar. ¿Por qué? Porque haciendo cosas pequeñas inesperadas, revela más sus verdaderos sentimientos que haciendo cosas grandes que eran más o menos esperadas. Dios se agrada cuando guardamos sus mandamientos, pero realmente mostramos nuestro amor, cuando vamos más allá de los mandamientos, tratando de agradarle guardando las pequeñas cosas que están reveladas en la Biblia.

Lo correcto y lo incorrecto nunca fueron medidos por la cantidad, ni jamás lo serán. Es el grado del pecado y no la cantidad, lo que representa el más grande problema para el cristiano. La Biblia revela el hecho de que los cosméticos, anillos, etc. desagradan al Señor. La Palabra de Dios no revela que cierta cantidad de cosméticos es mala, o que cierto tipo o número de anillos le desagradan. Aún la más pequeña violación deliberada de la voluntad revelada de Dios es seria. Ello indica una rebelión interior en contra de poner a Dios en primer lugar. El argumento favorito del diablo hoy es: "un poquito está bien". Este fue el argumento insensato de Lot cuando los ángeles le ordenaron huir a las montañas. Rogó que le permitieran ir a otra *[76]* ciudad cercana a Sodoma y Gomorra. Su argumento fue: "¿No es en verdad pequeña?" (Génesis 19.20). ¿Puede usted entender por qué quiso ir a otra ciudad después de haber perdido todo lo que tenía en Sodoma y Gomorra? Sin embargo la misma racionalización es usada hoy por muchos cristianos.

Discuten y argumentan sobre el tamaño de su anillo o la cantidad de inmodestia.

Satanás se deleita al oír a la gente tratando de decidir exactamente cuánto podrían violar la voluntad de Dios. Nunca olvide esto: No es el grado de desviación de las normas de la Biblia, sino la desviación en sí, lo que constituye el problema. El tamaño de los pasos no es la cosa de mayor importancia sino la dirección en la cual van.

Algunas veces se acusa a los pastores de hacer un gran problema de la cuestión del anillo de matrimonio, porque esperan que el candidato se lo quite antes de ser bautizado. En realidad, la experiencia nos ha demostrado que, después de todo, el anillo no es el problema. El anillo es el síntoma de un problema mucho más serio: la falta de una entrega total. Cuando el corazón se rinde, y Dios es puesto como el primero en la vida, ningún converso permitirá que un pequeño anillo se interponga en la senda de su unión con el cuerpo de Cristo por medio del bautismo. Cuando el amor a Cristo es más fuerte que el amor al yo, al esposo o a la esposa, entonces nada se interpondrá en el camino, menos aún, un pequeño anillo de metal. *[77]*

Capítulo Siete
Cosméticos Coloridos y Joyas III

> *"Así que, ya no nos juzguemos más los unos a los otros, sino más bien decidid no poner tropiezo u ocasión de caer al hermano." (Romanos 14.13).*

En este tercera parte daremos consideración a otro aspecto de las evidencias bíblicas sobre este tema que algunos consideran el más persuasivo de todos. Contesta la objeción levantada por los pocos que todavía no están convencidos que las joyas desagradan a Dios. En la manera más explícita destruye la última fortaleza de defensa, aun del anillo de matrimonio.

Antes de estudiar el elocuente discurso de Pablo sobre este punto, establezcamos un hecho bien conocido por todos los que estamos empeñados, tiempo completo, en la obra de ganar almas. Aquellos que persisten en usar sus ornamentos, después de llegar a ser miembros de iglesia, han sido responsables por colocar una piedra de tropiezo en la senda de almas interesadas. Casi cada evangelista o pastor podría quebrantar su corazón con relatos de hombres y mujeres que se volvieron atrás casi al borde del bautisterio por la inconsistencia de unos pocos miembros de iglesia. Después que se les enseñó la verdad bíblica plena acerca de las normas cristianas, estos candidatos fueron conmovidos al ver miembros de iglesia y algunas veces a dirigentes de la iglesia, usando anillos u otros adornos. Muchos se volvieron atrás, desalentados y al final rehusaron unirse a la iglesia.

Alguien estará dispuesto a decir: "Bien, ellos no deberían estar mirando tanto a la gente. Deberían aceptar la verdad por la verdad misma". Esto es muy bueno y verdadero, pero recuerde que estamos tratando con almas que están buscando puertas de escape alrededor del mensaje impopular de la Biblia. Nuestra obra debiera ser la de cerrar pacientemente toda puerta de escape *[78]* y de hacer frente a todo argumento, de tal manera que ellos se rindan finalmente en completa obediencia. El hecho es que esta gente tiene el derecho de esperar que la iglesia ponga en práctica lo que predica. Unos pocos miembros inconsistentes pueden neutralizar meses de estudio, mucha oración y preparación de candidatos por parte del pastor. No es justo que alguien sea una piedra de tropiezo para otra persona.

Pablo escribió el más solemne mensaje de amonestación a aquellos que desaniman a un alma sincera en su crecimiento cristiano.

"Así que, ya no nos juzguemos más los unos a los otros, sino más bien decidid no poner tropiezo u ocasión de caer al hermano." (Romanos 14.13).

Jesús también habló sobre este tópico, excepto que él describió la enormidad de la culpa de hacer tropezar a un niño. Tal vez sus palabras tengan más significado para nosotros si las leemos teniendo en mente a los maestros de niños de la Escuela Sabática.

"A cualquiera que haga tropezar a alguno de estos pequeños que creen en mí, mejor le fuera que se le colgara al cuello una piedra de molino de asno y que se le hundiera en lo profundo del mar" (Mateo 18.6).

¡Palabras serias en verdad! Pero no más serias que la ofensa que describe el descarrío de los pequeñitos que miran a sus maestros como ejemplos. Cuán a menudo los niños pequeños han cuestionado las normas de la Biblia acerca de los anillos, después de ver un anillo en el dedo de una maestra favorita.

En cierta iglesia, una maestra del Jardín de Infantes que usaba su anillo de matrimonio, era idolatrada por una niña pequeña de su departamento. Durante el servicio de la iglesia se permitió a menudo a la niña sentarse con la maestra y su esposo. Ya que *[79]* ellos no tenían hijos propios, la pareja se deleitaba en tener esa pequeña niña de buen comportamiento sentada con ellos. Ella se entretenía usualmente con cositas que la maestra tenía en su cartera, pero siendo de naturaleza afectuosa, se colgaba de la mano de su maestra la mayor parte del tiempo. Un sábado, durante el sermón, la mujer miró a la niñita y notó que le había sacado el anillo de matrimonio y se lo había puesto en su propio dedo. Algo perturbada, recuperó el anillo y se lo puso.

De semana en semana para gran mortificación suya, notó cuán obsesionada parecía estar la pequeña con el anillo. Ella miraba y acariciaba el anillo, y a menudo procuraba quitarlo discretamente, para colocarlo en sus dedos infantiles. La creciente fascinación de la niñita por ese círculo dorado llegó a ser motivo de gran preocupación para la señora. Conociendo las enseñanzas bíblicas acerca de los ornamentos, su conciencia no estaba tranquila desde el momento en que empezó a usar el anillo. Ahora no podía gozar del servicio de adoración mientras procuraba en vano distraer la atención de la pequeñita de ese artículo de adorno.

Al fin no pudo soportarlo más. Bajo la profunda convicción de que estaba colocando una piedra de tropiezo en la senda de la niña, se quitó el ofensivo anillo definitivamente. Más tarde, relató esa experiencia a su pastor y le describió los sentimientos de culpabilidad que la atormentaban por haber colocado una tentación frente a una niñita inocente.

"Pero yo no veo nada malo en los anillos. ¿Por qué debería ser un hipócrita y quitármelos sólo para impresionar a alguien?" Esta es una pregunta que Pablo contesta con un afecto devastador en 1 Corintios 8:1-13. Ese capítulo entero trata acerca del problema de los alimentos ofrecidos a los ídolos. La iglesia cristiana primitiva estaba seriamente dividida a causa de este problema. Los cristianos gentiles que habían venido del paganismo creyeron que era un error comer tal alimento. Les recordaba el alimento que ofrecían en sacrificio a los ídolos. Aun cuando ahora eran **[80]** cristianos, todavía sentían que comer ese alimento era algo así como rendir homenaje al ídolo. Por otro lado, los judíos cristianos que habían venido a la iglesia del judaísmo, pensaban que el alimento era perfectamente bueno para comer. Siendo que la carne no era "inmunda" y siendo que era vendida con otras carnes en el mercado, los judíos cristianos la compraban sin problema alguno de conciencia.

La contienda llegó a ser tan grande entre los dos grupos que Pablo tuvo que tratar finalmente el problema con amplitud considerable en 1 Corintios 8. Note su decisión acerca del asunto:

> "Acerca, pues, de los alimentos que se sacrifican a los ídolos, sabemos que un ídolo nada es en el mundo, y que no hay más que un Dios. Aunque haya algunos que se llamen dioses, sea en el cielo o en la tierra (como hay muchos dioses y muchos señores), para nosotros, sin embargo, solo hay un Dios, el Padre, del cual proceden todas las cosas y para quien nosotros existimos; y un Señor, Jesucristo, por medio del cual han sido creadas todas las cosas y por quien nosotros también existimos. Pero no en todos hay este conocimiento, pues algunos, habituados hasta aquí a la idolatría, comen como si el alimento fuera sacrificado a ídolos, y su conciencia, que es

débil, se contamina, si bien la vianda no nos hace más aceptos ante Dios, pues ni porque comamos seremos más, ni porque no comamos seremos menos. Pero procurad que esta libertad vuestra no venga a ser tropezadero para los débiles, porque si alguien te ve a ti, que tienes conocimiento, sentado a la mesa en un lugar dedicado a los ídolos, la conciencia de aquel, que es débil, ¿no será estimulada a comer de lo sacrificado a los ídolos? Y así, por tu conocimiento, se perderá el hermano débil por quien Cristo murió. De esta manera, pues, pecando contra los hermanos e hiriendo su débil conciencia, contra Cristo pecáis." (1 Corintios 8.4-12). *[81]*

Estos tremendos versículos, con su especial atención espiritual en el amor hacia los otros, se aplican aún con mayor fuerza a aquellos que se sienten libres para usar anillos en la iglesia. La aplicación es más fuerte porque los ornamentos son condenados por Dios, mientras que los alimentos ofrecidos a los ídolos no eran condenados. Todavía, Pablo dice que era un pecado comer tales alimentos porque eran una piedra de tropiezo o un obstáculo para algún otro. Siendo que los anillos han sido piedras de tropiezo en la misma manera para otros cristianos, no podemos evadir la conclusión de que tal ofensa es también un "pecado contra Cristo."

Esto nos lleva hacia atrás al tema central de este pequeño libro: EL AMOR. Ya sea que miremos las normas cristianas desde el punto de vista de amar y agradar a Dios o del amor hacia nuestros semejantes, el resultado es el mismo. La idea perfecta es la de poner el yo al final de todo. Una religión basada sobre tal amor no se satisfará meramente en cumplir la letra de los diez mandamientos, sino que investigará la Palabra de Dios diariamente en busca de las indicaciones de su voluntad. Los cristianos que viven para agradar al Señor son la gente más feliz del mundo. Jesús dijo: "Si guardáis mis mandamientos, permaneceréis en mi amor; así como yo he guardado los mandamientos de mi Padre y permanezco en su amor. Estas cosas os he hablado para que mi gozo esté en vosotros, y vuestro gozo sea completo" (Juan 15.10-11).

No es maravilloso, entonces, que los cristianos plenamente consagrados sean tan fácilmente reconocidos. Hay una santidad radiante y un gozo brillante que emana de ellos, que transfigura aun sus semblantes. Aun cuando han puesto a un lado los adornos del mundo, se han vestido otros adornos, los del Espíritu, los cuales los identifican instantáneamente. Algunas mujeres se sienten casi desnudas después de haberse quitado sus joyas, pero muy pronto reconocen que Dios ha reemplazado los adornos artificiales con el verdadero. David escribió: "Los que miraron a *[82]* él fueron alumbrados y sus rostros no fueron avergonzados." (Salmos 34.5).

Esta es la "nueva apariencia" del cristiano que ha nacido de nuevo, lo que ha hecho que el mundo se maraville. Por cada cosa mala que es abandonada, el hijo de Dios recibe un reemplazo espiritual. Como dice Pablo: "Desechemos, pues, las obras de las tinieblas y vistámonos las armas de la luz." (Romanos 13.12). Y por favor, note cuán dramático puede ser este cambio cuando envuelve las ropas y adornos de una persona. La esposa de Cristo recibe atención especial. Isaías contrasta el vestido de matrimonio del pueblo de Dios con el vestido del mundo: "En gran manera me gozaré en Jehová, mi alma se alegrará en mi Dios, porque me vistió con vestiduras de salvación, me rodeó de manto de justicia, como a novio me atavió y como a novia adornada con sus joyas" (Isaías 61.10). Cuando nos casamos con Cristo y tomamos su nombre, no nos hemos de adornar como las novias y novios del mundo. Alegremente nos vestiremos con las "ropas de salvación" y el "manto de justicia." Esto es lo que hace brillar el rostro y presenta la nueva radiante apariencia que asombra al mundo.

Debe darse una consideración especial a este punto vital. El rostro tiene mucho que decir de la experiencia y el carácter de una persona. Nuestro más poderoso testimonio cristiano puede ser simplemente el testimonio de nuestro semblante resplandeciente. Uno de los argumentos más convincentes que he oído en contra del uso de los cosméticos estaba basado en este hecho. Francés Parkinson Keyes, la bien conocida autora católica, explicó por qué ella nunca "retocó" su rostro o cabello con adornos artificiales:

> "Un cuarto de siglo de vida debería poner mucho en el rostro de una mujer además de unas pocas arrugas y algunos pliegues desagradables alrededor del mentón. En ese espacio de tiempo ha llegado a estar íntimamente *[83]* familiarizada con la pena y el placer, el gozo y la tristeza, la vida y la muerte. Ha luchado y ha sobrevivido, ha fallado y ha tenido éxito. Ha

perdido la fe y la ha vuelto a ganar. Y como resultado, debería ser más sabia, más gentil, más paciente y más tolerante de lo que era cuando era más joven. Su sentido de humor debería haberla suavizado, sus perspectivas deberían haberse ensanchado, sus simpatías deberían haberse profundizado. Y todo esto se debería mostrar. Si procura borrar las señales de la edad, corre el riesgo de destruir, al mismo tiempo, las huellas de la experiencia y el carácter" (Words of Inspiration, pág. 198).

¡Qué tremenda verdad contiene esa declaración! Las mujeres cristianas tienen un testimonio que dar por la expresión de sus rostros: justicia, dignidad, pureza y una fe tranquila en Dios. Estos atributos se revelan a menudo claramente, sólo por la apariencia del rostro. Tal vez es esto lo que Jesús quiso significar cuando dijo: "Así alumbre vuestra luz delante de los hombres, para que vean vuestras buenas obras y glorifiquen a vuestro Padre que está en los cielos" (Mateo 5.16). La luz espiritual y el resplandor de un rostro sin adornos pueden atraer más la atención a la religión de Jesucristo que una docena de sermones o estudios bíblicos.

Hemos empleado considerable tiempo en el tema de los adornos artificiales con el propósito de demostrar cómo el amor conduce a la Biblia, para investigar lo que agrada al Señor. Podríamos haber usado otros ejemplos de normas cristianas. Los mismos principios proveen la motivación para buscar siempre como agradar a Dios en lo que hacemos acerca del baile, el cine, el juego, la dieta y el vestido. Podría haberse demostrado claramente que estas altas normas de la iglesia no están basadas sobre las decisiones de ninguna junta de hombres, sino sobre la voluntad revelada de Dios en su Palabra. Quiera Dios ayudarnos a encontrar nuestro más grande gozo y deleite en hacer las cosas que le agradan. *[84]*

Capítulo Ocho
La Trampa de la Televisión

"Por lo demás, hermanos, todo lo que es verdadero, todo lo honesto, todo lo justo, todo lo puro, todo lo amable, todo lo que es de buen nombre; si hay virtud alguna, si algo digno de alabanza, en esto pensad." (Filipenses 4.8).

Se ha hecho referencia a la insidiosa intromisión del inocente gabinete de la televisión en el hogar. Como hay programas ocasionales que llenan la prueba bíblica de verdad, pureza, etc., es fácil sucumbir al argumento de que el equipo puede ser usado como un medio educacional para la familia. Se han hecho solemnes resoluciones concernientes a la alta calidad de los programas que serán aprobados para mirarlos. Pero, seamos honrados y veraces. ¿Cuánto tiempo durarán esas reglas restrictivas que han de gobernar el equipo de televisión? Resulta casi imposible mantener una reglamentación adecuada a causa de la naturaleza de los linderos de muchos programas. La incertidumbre acerca de dónde colocar una línea demarcatoria, de si unas pocas palabras profanas descalifican un documental de una hora de duración y otras decisiones igualmente inquietantes, llega pronto a ser demasiado tedioso para tolerar. La puerta se abre más y más ampliamente y los sentidos encargados de discernir se acomodan al creciente flujo de cuadros y escenas de bajas normas. Es fácil justificar un poco más el lenguaje relajado a causa del uso cada vez más frecuente de los términos profanos usados por los reporteros de las cadenas de noticias de la radio y la televisión. Muchos de los avisos comerciales también están entretejidos con insinuaciones que empequeñecen las normas de la moral cristiana.

Está llegando a ser más difícil creer que aun los programas más cuidadosamente seleccionados, no producirán también una falta de sensibilidad espiritual. Pequeños espacios de lenguaje de *[85]* bajo fondo serpentean dentro de algunos de los más educados programas de promoción. Muchos argumentan que debemos aprender a vivir con esta clase de lenguaje porque nos rodea todo el tiempo. Es verdad que a menudo oímos las vulgaridades del mundo que nos rodea, pero, ¿nos expondremos deliberadamente a aquello que podríamos evitar?

La verdad es que la mayor parte de nosotros hacemos frente a severas batallas al volver nuestros rostros de escenas que incitan al mal, que no podemos evitar mientras caminamos por las calles. Hay suficientes tentaciones para ocupar todo nuestro tiempo y esfuerzo, sin necesidad de traer deliberadamente una fuente de tentación directamente dentro de nuestra sala.

Muchos fracasan en entender que podemos pecar sólo con la mirada. Si alguno hubiera ido detrás de la madre Eva en el jardín del Edén y le hubiera preguntado qué estaba haciendo frente al árbol prohibido, probablemente habría contestado: "Solamente estoy mirando". Pero esas miradas la condujeron hacia los múltiples pesares y consiguientes muertes de billones de seres humanos a través de seis trágicos milenios.

El rey David despertó de una siesta vespertina y casi por casualidad vio a la hermosa esposa de su vecino tomando un baño en la mediterránea azotea de su casa. Es más que posible, que si alguien le hubiera preguntado a David qué estaba haciendo, habría contestado, "solamente mirando". Pero esas miradas lo condujeron al adulterio y al asesinato, pecados que indujeron a la nación a olvidar a Dios. Los resultados de su inmoralidad con Betsabé acarrearon funestas consecuencias a la casa de David, pues, perdió a cuatro de sus propios hijos por tragedia o por apostasía. ¡Cuán amargamente se lamentó por las fatales consecuencias de su inocente "mirar"!

La influencia indeleble de los moldes mentales no puede recalcarse demasiado. Por la contemplación somos *[86]* transformados. Los pensamientos se producen por lo que una persona ve. "Porque cuales son sus pensamientos íntimos, tal es él." (Proverbios 23.7). Esto nos lleva a una de las más temibles conclusiones de que la televisión puede ser perjudicial para la vida cristiana. Está basada sobre el principio de la participación vicaria o mental en el pecado. Jesús declaró: "Oísteis que fue dicho: 'No cometerás adulterio'. Pero yo os digo que cualquiera que mira a una mujer para codiciarla, ya adulteró con ella en su corazón." (Mateo 5.27-28).

Note que la mente es capaz de crear cuadros tan reales que la gente llega a estar involucrada en las escenas imaginarias. La participación es tan real que, según dijo Jesús, somos hechos responsables por lo que permitimos que nuestras mentes fomenten, exactamente como si nosotros hubiéramos llevado a la práctica aquello que pensamos. Siendo que el cerebro es el centro de las decisiones del cuerpo, todo acto realizado debe ser primero concebido en la mente, antes de que pueda ser llevado a la acción. El cerebro, a través del vasto sistema nervioso de comunicación, envía el mensaje a las manos, a los pies, o a cualquier otro órgano de nuestro cuerpo, para ponerlo en acción. Este, el cerebro, es el punto inequívoco de las más fuertes tentaciones.

El hecho de abrigar los cuadros mentales hasta que la orden de actuar es transmitida al cuerpo, es tan presuntuoso y tan debilitante para la voluntad, que pocas personas son capaces de resistirse a obedecer esas órdenes.

La única protección segura para el cristiano contra el pecado es rechazar el pensamiento o la imaginación del mal que Satanás quiere imprimir en su mente. Una vez que los malos hechos han sido albergados y reflexionados, aunque sólo sea pensamientos, la increíble relación íntima que existe entre la mente y el cuerpo comienza a producir reacciones físicas. Con la velocidad de la electricidad, el cerebro envía mensajes a todo el cuerpo *[87]* poniéndolo en alerta para la acción. Y ahora la mente y el cuerpo se unen para presionar a la persona a realizar el acto.

Pero supongamos que es imposible para una persona llevar a cabo la acción que la mente le incita a realizar. Tal vez se han producido en la mente algunos pensamientos concupiscentes, pero no hay nadie con quien realizar el pecado. O, si la persona es cristiana, podría tener fuertes inhibiciones contra los actos contemplados, de tal modo que pueda resistir la tentación de llevar a cabo los impulsos de la mente. En este caso el pecado existe solamente con la imaginación. Pero el poder del pensamiento es tal que a la vista de Dios, la realización mental del pecado es considerada tan verdadera como la indulgencia física en sí misma.

Ahora, apliquemos este principio a la costumbre de mirar la televisión. En ninguna otra parte vemos una demostración más vívida de lo que es la participación mental en el pecado. Aun en el caso de que el televidente tenga la suficiente madurez como para darse cuenta que la escena es solamente imaginaria o ficticia, sin embargo, llega a estar tan emocionalmente involucrado en la escena como si estuviera realmente viviendo la experiencia. El corazón palpita con terror, los ojos se llenan de lágrimas y el televidente se proyecta mentalmente en la misma escena. Ya sea que peleen o disparen tratando de salir de una situación desesperada, o que estén sufriendo el trauma de una enfermedad incurable, complaciéndose en la excitación de una escena provocativa en un dormitorio, el televidente se envuelve en la intriga, tomando parte por proyección en las aventuras del héroe o heroína. Jesús dijo que esta clase de participación es tan mala como la intervención personal en la realidad.

Procure imaginar la estrategia fantástica de Satanás en su uso de la televisión. El solo hecho de pensar en ello confunde la mente. Aquí tenemos una situación en la cual el diablo inspira un acto de pecado simulado; por ejemplo, un cuadro artificial de un *[88]* adulterio fingido. Pero, por medio de la manipulación de las emociones, Satanás puede hacer aparecer aquel pecado simulado como un millón de pecados reales de adulterio, porque un millón de personas se proyectan a sí mismas en el cuadro y en sus mentes no es una cosa aparente. Es tan real, que aun sus cuerpos reaccionan. Las emociones de concupiscencia y temor, obsesionan tan plenamente a los observadores que aunque ellos no pueden tomar parte físicamente en el pecado, sus mentes y voluntades son afectadas exactamente en la misma manera como si estuvieran tomando parte en él. Y lo peor de todo es que Dios los considera tan culpables como si lo hubieran hecho personalmente.

¡Y qué manera tan inteligentemente diabólica de convertir a los observadores en ladrones, asesinos y adúlteros! Satanás solamente tiene que trabajar con los escritores y actores para que produzcan las estratagemas más apelantes, realísticas y emocionales. Desde ese punto las leyes naturales de la mente asumen la responsabilidad y los televidentes llegan a ser cautivos emocionales de todo lo que ellos mismos se permiten mirar. Un día pueden estar viviendo la experiencia de un ladrón, el próximo día la de un asesino y más tarde la de un fornicario o un adúltero. Para los actores en el escenario esto es sólo una simulación de algo absurdo, pero para los televidentes es, momentáneamente una oportunidad para hacer todas las cosas excitantes que Dios y la sociedad prohíben, sin tener que hacer frente a las consecuencias de haberlas hecho. Pero, ¿tenemos que hacer frente a las consecuencias? No físicamente quizás, pero, moralmente somos responsables por aquellos actos realizados en la mente; y en el día del juicio tendremos que dar cuenta de ellos. Pero aquellos que no han confesado y abandonado esos pecados, qué terrible cuenta tendrán que rendir por la prostitución de los poderes sagrados de la mente y de la voluntad.

Seguramente este principio del pecado por sustitución explica *[89]* por qué la Biblia habla tan fuertemente del asunto de los cinco sentidos. Jesús hizo bien claro que ningún esfuerzo debería escatimarse para salvaguardar las avenidas de la mente. Inmediatamente después de su comentario acerca de mirar a una mujer para codiciarla, él dijo:

"Por tanto, si tu ojo derecho te es ocasión de caer, sácalo y échalo de ti, pues mejor te es que se pierda uno de tus miembros, y no que todo tu cuerpo sea arrojado al infierno." (Mateo 5.29).

A menudo este texto se ha tergiversado. Jesús no estaba hablando del ojo físico. Una persona puede perder un ojo y sin embargo puede ser todavía mala y perversa. Él estaba hablando de las cosas que el ojo suele enfocar. Si el ojo está mirando algo que es propenso a conducir la mente a abrigar el pecado, Jesús dijo que se debería tomar la más drástica medida para poner estas escenas fuera de la vista. En otras palabras: "No continúe mirando algo que es espiritualmente ofensivo y provocativo". Por hacer eso, una persona podría ser conducida al pecado y como resultado ser "arrojada en el infierno".

¡Qué dramático ejemplo del peligro de "sólo mirar" cuadros malos! Transportados al escenario de nuestra época Cristo diría que si tenemos un equipo de televisión en el hogar que no podemos controlar, es mejor echarlo fuera de la casa y tirarlo al montón de desperdicios, que ser llevado al pecado por su influencia. Es mejor llevar una vida, digamos, de un solo ojo sin la televisión que perder nuestra alma por abrigar pensamientos pecaminosos producidos por ella.

La orden de Cristo fue: "sácalo y échalo de ti", dale la espalda a aquello que el ojo está mirando. La elección tenemos que hacerla nosotros. La única manera de mantener nuestras mentes puras es mirar, escuchar y hablar solamente cosas que son puras. El apóstol Pablo dijo: *[90]*

> "Por lo demás, hermanos, todo lo que es verdadero, todo lo honesto, todo lo justo, todo lo puro, todo lo amable, todo lo que es de buen nombre; si hay virtud alguna, si algo digno de alabanza, en esto pensad." (Filipenses 4.8).

El secreto para ser puro, honesto, y virtuoso es pensar de esa manera. Y la manera como pensamos está determinada por lo que vemos, oímos y hablamos. David dijo:

> "No pondré delante de mis ojos cosa injusta." (Salmos 101.3).

A estos factores espirituales podríamos añadir muchas páginas de estadísticas sorprendentes acerca del efecto de la violencia en la televisión sobre la mente y la moral, sobre la incitación al crimen y las hazañas de los escolares. Todo esto es bien conocido con frecuencia. Nunca se sabrá con exactitud cuántos modelos de crímenes han sido detallados cuidadosamente en los programas de televisión, que luego son puestos en acción por un conjunto de rateros, ladrones y raptores.

La sociedad está actualmente en el apogeo de una creciente complacencia en la violencia y el sufrimiento humano. La constante exposición a la crueldad y la inhumanidad en la televisión ha creado un clima de sorprendente indiferencia hacia nuestros semejantes. A la gente no le gusta estar complicada en tales cuestiones. Generalmente pasan descuidadamente al lado de una víctima que fue atacada. Las reacciones del público a calamidades de naturaleza tales como terremotos, inundaciones o hambres casi no llaman la atención. Las noticias televisadas de millares que mueren en Suramérica o Turquía hacen menos impresión que las escenas de las películas de la noche pasada. Las representaciones animadas y caprichosas que han sido preparadas comercialmente para impresionar, llaman más la atención que los actuales relatos verídicos de sufrimiento y muerte. Los delicados sentimientos de compasión han sido *[91]* embotados y casi destruidos por el continuo bombardeo de las emociones por los especialistas de "excitación y horror" de Hollywood.

El impacto de la muerte es atenuado por la constante sobre exposición. Aun las representaciones televisivas de las crónicas de asesinatos y muertes son miradas repetidamente en programas sucesivos. Pareciera que las personas asesinadas vuelven a vivir, sólo para ser muertas y resucitadas vez tras vez. La constante exposición del asesinato de Lee Harvey Oswald es un ejemplo de tal tele violencia. La mente casi rechaza la realidad de lo que está mirando.

Y ¿qué efecto tiene esto finalmente sobre la conciencia y el carácter del hombre? Sin duda hay un deseo mórbido, innato de mirar la violencia sin sentir culpa. Como un inocente observador, el televidente no es ni el agresor ni la víctima. Sin tener nada que hacer sino mirar, y siendo incapaz de intervenir, gradualmente se adapta a una mentalidad fascinada e incapaz de actuar. Bajo un constante bombardeo, la mente no nota la diferencia entre lo que es fantasía y lo que es realidad. Esta es la razón por la cual muchos son capaces de detenerse y observar la brutalidad y la violencia en la vida real sin levantar un dedo.

Una señora recién casada dijo hace poco: "Estamos comenzando con las más mínimas necesidades de la vida, una cama, una estufa, y un televisor". Con el 98% de hogares americanos que tienen un equipo de televisión, trate de hacer lo mejor para visualizar el efecto de sus seis y media horas de operación. Los niños pasan la tercera parte de sus horas de vigilia bajo la influencia artificial de ideas y filosofías que sus padres no les enseñaron y que a menudo ni siquiera conocen. Se ha calculado que la cuarta parte de los niños entre las edades de 5 a 20 años miran la televisión más de cinco horas cada día escolar. Esto es aún más tiempo del que pasan bajo la directa instrucción de sus maestros; más tiempo del que emplean en jugar o comer *[92]* cada día. Solamente dormir sobrepasa la televisión como el máximo consumidor de tiempo.

¿Qué tipo de mensaje se dirige literalmente a las mentes abiertas de estos niños y niñas? 83% de todos los programas de televisión contienen violencia, y el 98% de los dibujos animados presentan acciones de violencia. De hecho cuando sus hijos están mirando dibujos animados, están observando un promedio de 30 hechos de violencia cada dos minutos. Las películas y los dramas policiales del oeste no son mejores porque el 97% de ellos contiene violencia.

Pero, ¿qué acerca de los niños que no tienen edad suficiente para ir a la escuela? Hay aproximadamente doce millones de ellos entre tres y cinco años. De acuerdo a Índice de Televisión Nielsen, estos niños en edad preescolar se sientan frente a la pantalla del televisor un promedio de 54.1 horas por semana. Piense en el poder que se ejerce sobre las mentes y emociones dóciles de estos niños que son casi bebés. Casi el 64% de sus horas de vigilia observan las tensiones, violencia, y propaganda comercial de la televisión, vacía, y excitante de los nervios. Nos preguntamos ¿por qué la juventud de generaciones pasadas parece tener dificultad en adaptarse a la vida real y a la gente? El Dr. Víctor B. Cline, de la Universidad de Utah, ha calculado que entre el Kinder y la edad de catorce años, un niño ha sido testigo de la muerte violenta de más de 13.000 seres humanos en la pantalla de la televisión. Siendo que los niños de pre-kinder están mirando la televisión el 64% de sus días, trate de imaginarse de cuántos asesinatos son testigos más allá de los 13.000 ya mencionados. Ningún experimentado veterano que combate diariamente se acerca nunca a la horrible mutilación y matanza del promedio diario de la televisión.

Tal vez el estudio más concluyente sobre el tema de la agresión en la televisión ha sido documentado por Alfred Bandura and Associates (Alfred Bandura y Asociados), y fue *[93]* publicado en el Journal of Abnormal and Social Psychology

(Diario de Sicología Anormal y Social). Sus conclusiones fueron sacadas de la observación de niños normales, evaluados por reacciones de un grupo de control, puesto frente a escenas de violencia en la pantalla de la televisión. Su conclusión enfática fue que la agresión filmada eleva la tendencia agresiva en los niños. Ellos definitivamente imitan la conducta violenta que ven en los programas de televisión.

En 1969 la Comisión Nacional sobre las Causas y Prevención de Violencia (National Commission on the Causes and Prevention of Violence) dio un informe de su exhaustiva investigación. Aquí está la sustancia de sus conclusiones:

> "La superioridad de las evidencias en investigaciones realizadas sugieren categóricamente... que la violencia en los programas de televisión puede y tiene efectos adversos sobre el concurso de oyentes, particularmente sobre los niños".

Uno de los más tristes y obvios resultados de la adicción de los niños a la televisión es la trágica ruptura de la comunicación con los padres. Durante esas cinco horas decisivas diarias no hay absolutamente ninguna influencia recíproca entre padres e hijos. El Dr. D. M. Azimi, presidente del Departamento de Sociología y Antropología de la Universidad de Pennsylvania en Indiana, Pennsylvania, cree que los niños pueden ser alucinados por los espectáculos llenos de violencia, sexo y agresión.

> "Interrumpa a alguien que esté mirando la televisión y note el profundo trance en que se encuentra. Se sentirá molesto con

usted por interrumpirle ese estado de distracción semejante al que produce la droga, pero si le pregunta qué se estaba diciendo en el programa, no podrá decirle. "Los padres se convierten en incitadores de sus hijos a mirar la televisión. Muchos niños a muy temprana edad les *[94]* gustaría tener una agradable y estrecha relación con sus padres. Pero sus padres les dicen: 'Vayan y miren la televisión. Yo estoy ocupado'... Pronto el hábito los esclaviza y empiezan a sentarse con ojos vidriosos, en estupor, como 'clavados', frente a la pantalla de la televisión. y una vez que ellos forman ese hábito, quitárselo sería tan difícil como quitarles una droga".

Si los padres no protegen a sus propios hijos del incesante asalto emocional de la televisión, ¿quién lo hará? La industria no se preocupa por los hijos de nadie. Ellos sólo piensan en una cosa: consumo, negocio. No necesitamos ser expertos para darnos cuenta que su principal objetivo es apelar a la vanidad, a la concupiscencia y a la codicia humana. Los sicólogos del mercado dirigen sus anuncios comerciales a los amplios ojos inocentes que no tienen defensa. Sin embargo, se propalan clamores espectaculares e hipócritas y la falsedad es revelada. El infortunado efecto posterior es una actitud corrosiva de cinismo y desconfianza de parte de la juventud.

¿Se ha dado usted cuenta de las cosas rutinarias que proyecta el término medio de los programas de televisión? Los maestros son generalmente presentados como incompetentes, desubicados, vengativos. La felicidad viene por la juventud y el sexo. Se representa el matrimonio como una carretilla pesada, o algo para hacer ostentación por excitante infidelidad. Los padres son proyectados con frecuencia como desatinados, de normas anticuadas, sin ninguna autoridad o habilidad para tomar sabias decisiones. Los mismos fundamentos del hogar y la sociedad son minados con sutileza por la mayor parte de los programas de la televisión, incluyendo algunos de los más populares. No sería extraño que el más grande problema social de la actualidad fuese qué hacer para que la familia no deje de ser la unidad básica de la sociedad. *[95]*

Capítulo Nueve
Legalmente Unidos

"Dios indicó una sola causa por la cual una esposa pueda abandonar a su esposo, o éste pueda dejarla a ella, y fue el adulterio. Esta causa debe considerarse con oración. (El Hogar Cristiano, págs. 310-311).

Trate de enfocar en su mente dos clases de escenas familiares con el propósito de hacer comparación. En un hogar hay tres esposas, todas casadas con el mismo hombre, cada una con uno o más niños. Las familias viven juntas y el marido y padre de las tres familias está siempre allí para ejercer autoridad disciplinaria y para dar seguridad a toda la familia.

Y ahora, enfoque otra situación. Un hombre se ha casado con tres mujeres sucesivamente. Todas han tenido hijos de ese hombre, y han sido dejadas fuera una tras otra, por medio del divorcio. Las familias están viviendo aparte y los niños están creciendo bajo el trauma de la inseguridad financiera y emocional sin el padre.

¿Cuál de estas situaciones imaginarias le parece que es la peor? La ley del país prohíbe una de ellas y se acomoda a la otra. Tal vez, si pudiéramos ver todos los aspectos, desde el punto de vista puramente social y humanitario, podríamos decir que la última escena es peor que la primera. Mirando ambas escenas desde la posición tradicional Judío-cristiana, nosotros probablemente podríamos condenar la primera familia como que está más claramente en el error.

Mirándolas puramente desde la perspectiva bíblica, ¿hay realmente mucha diferencia moral básica entre estas dos situaciones? De acuerdo a las Escrituras, el matrimonio es una entrega para toda la vida. Divorciarse de un compañero, o compañera inocente y casarse con otro, u otra, está más **[96]** claramente condenado que la popular poligamia practicada en los días del Antiguo Testamento. Ambas frustran el plan y el propósito de Dios. Los niños probablemente sufren más bajo los procedimientos del divorcio que bajo el plan de la poligamia, pero ninguno de los dos puede ser defendido o tolerado bajo el faro luminoso de la Revelación. La ley de Dios es violada, ya sea que varias mujeres se casen con un hombre al mismo tiempo o que se casen con él sucesivamente, una tras otra.

¿Cómo podemos explicar la contradicción entre la práctica cristiana y el principio bíblico de este punto? Más y más miembros de iglesia están actuando como si no hubiera restricciones en cuanto al número de nupcias que pueden contraer. La conciencia moral de denominaciones enteras ha sido cambiada y acondicionada a las incidencias masivas de los divorcios verificados entre sus miembros.

Aunque la mayoría de las iglesias cristianas han dado un asentimiento formal a lo que la Biblia enseña acerca del divorcio, parecería que se ha hecho muy poco para dar a conocer públicamente esa posición. Los dirigentes de iglesia y los pastores a menudo tienen que ser presionados para que digan con claridad cuál es su posición doctrinal oficial al respecto. La razón para esto gira alrededor del desconcertante número de dirigentes de iglesia divorciados que han continuado en su posición con la evidente y tácita aprobación de su congregación.

Desafortunadamente si los problemas del divorcio no se encaran al mismo tiempo que se suscitan, es casi imposible tratar de solucionarlos y tomar acción al respecto en fecha posterior. A causa de que muchos de estos casos involucran acusaciones de un lado y del otro, a menudo no apoyadas por las evidencias, los pastores no están dispuestos a ser arrastrados hacia ese pantano explosivo. Las juntas de iglesia también se mantienen fuera de la desagradable tarea de tener que tomar una posición en contra de alguno de los suyos, quien, quizás, ha sido un respetado dirigente *[97]* de la iglesia en el pasado. Por consiguiente las cosas se dejan indefinidas. Es más fácil conceder el beneficio de la duda y entonces se permite a muchos cónyuges permanecer como miembros de iglesia aún después del segundo matrimonio.

Tenemos que admitir, sin embargo, que hay complicaciones difíciles que parecen desafiar las soluciones humanas. Cada caso individual está marcado por sus propias circunstancias desconcertantes. Tal vez no haya una respuesta satisfactoria que pueda ajustarse con equidad a cada parte involucrada. Pero, cualquiera que sea la acción que la iglesia tome, debería estar en completa armonía con el consejo de la Biblia con respecto al divorcio y ese consejo no es turbio ni ambiguo. Jesús declaró en el lenguaje más positivo, que sólo una condición podría justificar el divorcio y el nuevo matrimonio y esa es el adulterio. "Y yo os digo que cualquiera que repudia a su mujer, salvo por causa de fornicación, y se casa con otra, adultera; y el que se casa con la repudiada, adultera" (Mateo 19.9).

Por favor, note que Cristo denuncia como adúltero al esposo, o esposa, que se divorcia de su cónyuge y se casa con otra persona, excepto cuando el conyuge ha sido infiel. Si el compañero, o compañera, ha sido culpable de fornicación, (Porneia, Gr. impureza sexual) la excepción podría permitir al inocente divorciarse y volverse a casar sin culpa.

La posición severa, poco común en Jesús, en este asunto del divorcio ha sido objeto de inacabables debates. Aún sus propios discípulos quedaron asombrados frente a la naturaleza definida de su posición. Ellos dijeron: "Le dijeron sus discípulos: Si así es la condición del hombre con su mujer, no conviene casarse" (Mateo 19.10). No hubo imprecisión en la mente de los discípulos acerca de lo que Jesús quiso decir. Entendieron que estaba prohibiendo el divorcio y el nuevo matrimonio excepto en el caso de adulterio. La respuesta de Cristo a la sorpresa de los discípulos confirma el hecho de que tenían la comprensión apropiada de su *[98]* declaración.

Hasta el presente se puede decir mucho a favor de la mayoría de las iglesias protestantes y católicas, que han interpretado las palabras de Jesús de manera muy semejante a la de aquellos discípulos que escucharon a Jesús. Desafortunadamente, con el aumento tan alarmante del divorcio, la doctrina bíblica ha aparecido cada vez más y más ofensiva y desagradable al creciente número de divorciados dentro de la iglesia. Se han hecho tentativas para una nueva interpretación de la posición doctrinal de algunas de las iglesias sobre este asunto, incluyendo la iglesia adventista del séptimo día.

Sería apropiado ahora considerar una porción del consejo del Espíritu de Profecía que guió a la iglesia en sus comienzos, en la firme posición bíblica que tomó en el problema del divorcio.

> "Una mujer puede estar legalmente divorciada de su esposo por las leyes del país y sin embargo no estar divorciada a la vista de Dios ni según la ley superior. Sólo un pecado, que es el adulterio, puede colocar al esposo o a la esposa en situación de verse libre del voto matrimonial a la vista de Dios. Aunque las leyes del país concedan un divorcio, los cónyuges siguen

siendo marido y mujer de acuerdo con la Biblia y las leyes de Dios" (El Hogar Cristiano, pág. 313).

"Usted ha tenido ideas erróneas acerca de la relación matrimonial. Nada que no sea la violación del lecho matrimonial puede romper o anular el voto del casamiento... Los hombres no están libres para crear su propia norma, a fin de evitar la ley de Dios y agradar a su propia inclinación. Deben acudir a la gran norma de justicia establecida por Dios...

"Dios indicó una sola causa por la cual una esposa pueda abandonar a su esposo, o éste pueda dejarla a ella, y fue el adulterio. Esta causa debe considerarse con oración. (El *[99]* Hogar Cristiano, págs. 310-311).

"Hay muchos matrimonios infelices a causa del apresuramiento indebido. Dos personas unen sus intereses en el altar del matrimonio haciendo los más solemnes votos delante de Dios, sin pesar previamente el asunto, sin dedicar tiempo para una seria reflexión y para orar fervientemente. Muchos se mueven por impulso. No tienen completo conocimiento de las disposiciones naturales, uno del otro. No se dan cuenta que la felicidad de toda su vida está en juego. Si toman pasos equivocados en este asunto y sus matrimonios resultan infelices, no se puede volver atrás. Si se percatan de que no pueden hacerse felices el uno al otro, deben soportarse el uno al otro lo mejor que puedan" (Spiritual Gifts, tomo 3, pág. 120).

En una ocasión la Sra. White aconsejó que el ofensor moral debiera ser excluido permanentemente de la feligresía de la iglesia. No se especifican detalles de la caída moral en la carta (carta incluida en el tomo 1 de los Testimonios). La acción recomendada muestra que algunos violadores de la ley de Dios deberían confiar por salvación fuera de la iglesia.

> "Es imposible que los miembros de la iglesia de Dios se mantengan en comunión con E. Él se ha colocado en un lugar en el que no puede ser ayudado por la iglesia, donde la iglesia no puede tener comunión con él ni él tener voz en la iglesia. Se ha ubicado en ese lugar a pesar de que tenía luz y verdad. Ha elegido tercamente su propio comportamiento y ha rehusado escuchar el reproche. Ha seguido las inclinaciones de su corazón corrompido, ha violado la santa ley de Dios y ha acarreado oprobio sobre la causa de la verdad presente. Si alguna vez se arrepiente sinceramente, la iglesia no debe ocuparse de su caso. Si va al cielo debe hacerlo solo, sin la comunión de la iglesia. El reproche de Dios y de la iglesia debe permanecer **[100]** permanentemente sobre él, para que la norma de moralidad no sea rebajada hasta el polvo" (Testimonios para la Iglesia, tomo 1, pág. 197-198).

Basados sobre tales declaraciones del Espíritu de Profecía y las inequívocas declaraciones de Cristo sobre el asunto, se ha tomado la posición que ha sido sostenida a través de los años que alguien que deliberadamente abandona a su cónyuge inocente para casarse con otra persona, estaría cometiendo adulterio. Deberían ser cortados de la iglesia, y además mientras continúen viviendo en aquella relación pecaminosa con alguien con quien bíblicamente no les está permitido, no deberían ser recibidos nuevamente como miembros de la iglesia.

Esto está en perfecto acuerdo con los requerimientos de la Biblia en relación con el arrepentimiento y el abandono del pecado. "El que oculta sus pecados no prosperará, pero el que los confiesa y se aparta de ellos alcanzará misericordia." (Proverbios 28.13).

Por muchos años la iglesia ha operado bajo este sano principio espiritual con un mínimo de controversia y desacuerdo. Pero como los divorcios han llegado a ser más comunes en el mundo, la costumbre divisiva empezó a invadir más y más la iglesia remanente. Siguiendo su método favorito de atacar, Satanás se introduce poco a poco dentro de la familia de Dios con sus perniciosos y sutiles compromisos con el mundo. Los divorcios, por muchas razones antibíblicas han llegado a ser más frecuentes. Más tarde los esposos culpables, casados por segunda vez, trajeron a sus nuevos compañeros solicitando su readmisión dentro la iglesia. A menudo los solicitantes eran individuos de talento que habían servido alguna vez a la iglesia como respetados dirigentes. Se despertaron las simpatías y los profundos sentimientos emocionales empezaron a mirar favorablemente la posibilidad de aceptar de nuevo a estos hermanos como miembros de la iglesia. *[101]*

Casi todos pueden simpatizar con la gente fina, altamente dotada que solicita ser bautizada, especialmente cuando parecen profundamente sinceros y consagrados. Es muy fácil tomar la posición impulsiva de que estos solicitantes sean aceptados con premura y que se les asigne en la iglesia responsabilidades que estén en armonía con sus capacidades. Pero, ¿deberían tomarse tales decisiones basadas en nuestros sentimientos, o debería hacerse esto basados en los principios de la Palabra de Dios? Tanto como nosotros quisiéramos ignorarlo o negarlo, estas personas han cometido adulterio y continúan viviendo en una relación que la Biblia llama pecado. Si Dios condena este estado de cosas, ¿puede la iglesia atreverse a darle su aprobación?

Al bautizarlos y recibirlos dentro del cuerpo de Cristo, estamos asegurándoles a los candidatos que son hijos de Dios y que son recibidos por él. Pero, ¿cómo podemos confortar a la gente con esta seguridad si ellos no están viviendo en armonía con la ley de Dios, y si Dios realmente no los aprueba? ¿No estaríamos ofreciendo una consolación peligrosa que no existe?

Algunos podrían objetar este curso de acción diciendo que abandonar el pecado en este caso entrañaría el hecho de romper otro matrimonio, y dos errores nunca pueden producir un hecho correcto. La respuesta a esta objeción es que no deberíamos urgirlos acerca de lo que deben hacer con su actual relación. Podemos y deberíamos decirles exactamente lo que la Biblia dice al respecto. En verdad, esta gente conocía esa verdad mucho antes de que se envolvieran voluntariamente en matrimonio ilegítimo. Esto es lo que hace su situación tan seria.

La iglesia debería hacer muy claro que ella no podrá ofrecer seguridad y aprobación más allá de lo que la Biblia les ofrece. Ningún pastor tiene el derecho de hacer una excepción a lo que la Palabra de Dios enseña acerca del adulterio. La iglesia y sus ministros deberían hacer saber a esta pareja del consejo de Dios, y que, por lo tanto ellos no están calificados para entrar al cuerpo de Cristo, que es la iglesia. Esto no es decir que no pueden ser salvados. *[102]* Dios tiene autoridad para hacer las excepciones que desee en el día del juicio. En su omnisciencia, comprende los motivos y circunstancias secretas pero no ha dado a la iglesia el derecho de hacer excepciones, ni decir cuáles son las condiciones bajo las cuales tales excepciones podrían ser hechas. Las líneas deben trazarse donde son trazadas en la Biblia y no debemos permitir que las simpatías debiliten esa decisión.

Aun cuando hubiera una iglesia o un pastor que quisiera aceptar a una pareja dentro de la feligresía de la iglesia, aun cuando estuvieran viviendo en adulterio, esto no fortalecería la posibilidad de ser salvados. La desaprobación de Dios del pecado de divorcio y adulterio debe ser registrada a fin de impresionar a los culpables de la terrible naturaleza de su trasgresión. Bajo la convicción del Espíritu Santo tendrán que decidir qué hacer acerca de su ilegalidad. Nadie debería urgirlos a romper su presente matrimonio. Ellos deben decidir qué deberían hacer para su propia salvación. Cualquiera que sea su decisión, la iglesia debería entonces animarlos a ser fieles, a asistir a la iglesia y a confiar en las misericordias de

Dios. Pero el aceptarlos nuevamente en la iglesia sería alterar la Palabra de Dios para colocar nuestros deseos en lugar de las exigencias de Dios. *[103]*

Capítulo Diez
La Música y su Influencia

> *El hecho más asombroso de todos es cómo los órganos físicos reaccionan a la música. Siendo que el cuerpo solamente funciona cuando el cerebro lo ordena, sabemos que la música de alguna manera, tiene que llegar primero al cerebro.*

Ningún estudio de las normas cristianas sería completo sin considerar la influencia de la música. Muchos millones de jóvenes en todo el mundo han sido atraídos por el hechizo hipnotizante del rock and roll. Como un denominador común, ha cruzado los límites del lenguaje, cultura y religión y ha afectado más vidas que casi ninguna otra fuerza social. Aún la iglesia cristiana ha sido invadida por el así llamado "evangelio del rock" el cual ha llegado a ser el vehículo evangelístico de la juventud de la iglesia para comunicarse con otros jóvenes. Pero, ¿qué mensaje se comunica por medio del compás y ritmo de esta música "moderna"? ¿Cómo podemos explicarnos la devoción obsesionante de tantos millones a la misma clase de sonidos?

Muy pocas personas comprenden el tremendo poder que ejerce la música sobre la conciencia y la subconciencia de aquellos que la escuchan. Se ha sabido desde hace mucho que la música religiosa marcial, la música de banda, y la música religiosa pueden producir respuestas emocionales predecibles. La disposición de ánimo de los oyentes ha sido programada por cierta clase de música. Vastos sectores de personas han reaccionado en forma casi uniforme a la misma música controlada. Han sido tranquilizados y sumidos en la nostalgia o el letargo por suaves melodías, o han sido transportados a planos de violencia emocional por apropiados ritmos sincopados "salvajes".

¿Cómo produce la música los estados de ánimo? Se ha establecido, ahora, científicamente que los estados de ánimo tienen bases biológicas. Son producidos por una combinación de *[104]* actividades del cerebro, la circulación de la sangre y la composición química del cuerpo. Todas estas funciones son afectadas en grado extraordinario por la música. Las investigaciones médicas han revelado que los nervios del oído tienen más extensas conexiones que los demás nervios del cuerpo humano. De hecho, es difícil que haya una función del sistema humano que no pueda ser afectada por los tonos musicales. Pruebas actuales han demostrado que la música tiene una influencia directa sobre el número de pulsaciones, la presión de la sangre, el sistema nervioso, la digestión, los músculos y las glándulas del cuerpo.

El Dr. Schoen hace esta notable declaración en su libro, The Psychology of Music (La Sicología de la Música): "La música es hecha de un material que es por sí mismo el más poderoso estimulante conocido entre los procesos de la percepción... La música opera en nuestra facultad emocional con mayor intensidad y rapidez que el producto de cualquier otro acto" (pág. 39).

El hecho más asombroso de todos es cómo los órganos físicos reaccionan a la música. Siendo que el cuerpo solamente funciona cuando el cerebro lo ordena, sabemos que la música de alguna manera, tiene que llegar primero al cerebro. Pero, ¿qué parte del cerebro percibe la música? Uno de los más grandes descubrimientos jamás hechos en esta área ha establecido que la música es "oída" en aquella porción del cerebro que percibe el estímulo de las emociones, sensaciones y sentimientos. De hecho, la música pasa por alto completamente los centros del cerebro que involucran la razón y la inteligencia. No depende del gobierno del cerebro para conseguir la entrada en el cuerpo. Entra por el camino del tálamo el cual es una estación de relevo de todas las emociones, sensaciones y sentimientos. Schullian y Schoen lo describen así:

"Una vez que un estímulo ha llegado al tálamo, el cerebro es invadido automáticamente, y si el estímulo sigue por un **[105]** tiempo, puede establecerse un contacto más estrecho entre el cerebro y el mundo de la realidad" (Music and Medicine, págs. 270-271).

Note que la música tiene que "continuar por algún tiempo" para producir reacciones físicas a través de la conciencia, los hemisferios cerebrales. La repetición de la percusión amplificada del sonido por medio de los instrumentos eléctricos del rock and roll, produce un fenómeno que es mejor descrito que entendido. La revista TIME lo describe con estas palabras: "El hipnótico batir actúa como una extraña clase de magia. Muchos bailarines llegan a olvidarse de todo lo que les rodea. Se separan de sus compañeros. Las inhibiciones se desmenuzan, los ojos se tornan fijos, como vidriosos, hasta que, repentinamente, están andando solos en un mar de sonido".

La cosa más aterradora acerca de este asunto es el irresistible asalto de la música sobre las emociones y luego sobre las acciones. Siendo que el ataque se hace a través del tálamo, el individuo que escucha será afectado por la música sin siquiera hacer una decisión conciente acerca del asunto. Esta es la razón por la que los médicos han tomado la música como una novedad fantástica para alcanzar las mentes de los retardados y de los enfermos mentales. Ellos han abierto la puerta para usar música terapéuticamente para comunicarse con los pacientes emocionalmente perturbados. Aun los niños que escuchan son notablemente estimulados a responder porque no tienen que hacer ninguna clase de decisión voluntaria pues la música llega al centro del cerebro precisamente al percibirla como un sonido a través del tálamo. Las palabras pueden no significar nada para los niños, pero el nivel sensorial es previamente abierto por la música, proveyendo el acceso al cerebro conciente.

Ahora, este hecho fascinante acerca de la música, aunque benéfica para alcanzar las mentes perturbadas, ha provisto también un camino para que Satanás haga un ataque furtivo sobre *[106]* casi cada uno de los que escuchan la clase equivocada de música. Sin siquiera darse cuenta de ello, la mente de los oyentes se inclinará a cualquier actitud emocional a la que el diablo desee llevarlos con la vibración y el ritmo musicales. Van de Wall lo resume de esta manera: "Mucho de aquello que llamamos irresistible en música es así porque reaccionamos en este nivel moto-sensorio de funcionamiento" (Music in Hospitals, pág. 15).

Más tarde en su libro, Van de Wall describe cómo los nervios transmiten el mensaje de la música a las varias partes del cuerpo: "Las vibraciones del sonido actuando sobre y a través del sistema nervioso producen choques en secuencias rítmicas sobre los músculos, lo que hace que se contraigan y pongan en movimiento nuestros brazos, manos, piernas y pies. Como consecuencia de sus reacciones musculares automáticas, muchas personas hacen algún movimiento mientras oyen la música; para que ellos puedan permanecer sin movimiento requeriría un esfuerzo muscular conciente". (p. 106.)

Con este resumen del efecto sicológico sutil de la música en el cerebro, estamos en mejores condiciones para comprender cómo el ritmo y el batir de la música moderna del "rock" han producido tanto estrago moral entre los jóvenes. Los temas incesantes del sexo ilícito, drogas y rebelión han aturdido el cerebro, creando una actitud emocional de aceptación hacia estas aberraciones de la conducta.

Al operar a través del tálamo, Satanás pasa por alto las barreras mentales y espirituales de la razón y entra a la ciudadela de la mente, el gran centro controlador de todas las decisiones y acciones humanas. Allí, en la mente, Satanás tiene los recursos necesarios para convertir las impresiones de la música sensual en acciones físicas. A través de la red telegráfica de los nervios que llegan a todas partes del cuerpo, él puede comunicar las órdenes apropiadas para actuar de acuerdo con el estímulo emocional de la música. *[107]*

No ha sido ningún secreto que algunos de los más populares músicos del "rock and roll" no solamente están ligados con las drogas, sino también con el espiritismo. Bob Larson ha documentado la confesión de algunos de estos actores que afirmaron que su éxito había sido garantizado por un convenio con Satanás. Esto significa que Satanás está controlando la producción de la música así como la manera de comunicarse con el oyente. Y no es gran maravilla de que muchos conciertos de "rock and roll" se han convertido en orgías de obscenidad, en las cuales tanto actores como oyentes se tornaron virtualmente en prendas emocionales del control satánico.

Muchos han defendido el ritmo musical sobre la base de que hay una correlación con los ritmos naturales del cuerpo al producir una mayor actividad coordinada y mayores realizaciones. Es ciertamente verdad que una música especialmente seleccionada aumenta la capacidad de trabajo de los músculos. En su artículo, "U.S.S.R.: Music and Medicine," Leonid Melnikov magnifica este notable hecho: "Al mismo tiempo el ritmo de los movimientos del trabajador se altera con el cambio del ritmo musical. Es como si la música determinara un buen ritmo rápido de movimiento. Otra serie de experimentos con estudiantes probó que, no solamente la capacidad de trabajo cambió bajo la influencia de la música, sino también la pulsación y la presión de la sangre". Musical Journal XXVII:18 (Nov., 1970).

El hecho de que el cuerpo responda a selecciones musicales específicamente programadas, ¿significa que todos los tonos rítmicos musicales son benéficos para el cuerpo? Al contrario, aunque el hombre tiene una afinidad inherente a ciertos ritmos, hay algunas medidas quebradas, disonancias armónicas en la línea melódica, las cuales están completamente fuera de la armonía de los ritmos naturales del cuerpo. Tal es el caso típico del ritmo insistente de la música del "rock and roll". Alice English Monserrat en un artículo titulado: "Music–Soothing, *[108]* Sedative or Savage," escribió: "Una medida quebrada en la voz más alta, tocada en un batir regular insistentemente en la mano izquierda con rapidez gradualmente creciente, casi al punto del frenesí... es capaz de producir el efecto idéntico desintegrante y casi histérico en un organismo; como si una persona procurara arrojarse locamente en dos direcciones al mismo tiempo. Cualquier siquiatra sabe que es precisamente esta tensión en dos direcciones de la acción conflictiva de las emociones lo que está ayudando a llenar nuestros hospitales mentales de restos destrozados de náufragos humanos".

Lo que la señorita Monserrat dice realmente es que, para mantener una sensación de bienestar y armonía mental, la gente no debe estar sujeta demasiado a los ritmos que no están de acuerdo con los ritmos naturales del cuerpo. Si la verdad fuera plenamente conocida, una vasta proporción de la incesante rebelión de los adolescentes de la actualidad podría atribuirse a su constante exposición a los ritmos incompatibles.

La estrategia de explotar los apetitos sensuales no es nueva para Satanás. Él ha experimentado con las emociones de los adolescentes por casi seis mil años, y conoce muy bien su vulnerabilidad. Se ha deleitado en manipular la vida de los jóvenes inconversos por medio de la música del "rock", pero se deleita aún más cuando puede introducir su música hipnotizante y esclavizadora de la mente dentro de la iglesia. Por su viejo programa de paso a paso, ha logrado romper el fino sentido de discernimiento y reproducir ese mismo redoble musical erótico en las iglesias adventistas del séptimo día. ¡Qué triunfo para el diablo cuando consigue rebajar las altas normas de la iglesia remanente! Cualquier mezcla de lo espiritual con lo carnal acarrea un reproche sobre el pueblo que ha sido escogido para proclamar el último mensaje de amonestación de Dios.

La única actitud correcta para aquellos que son llamados a salir de Babilonia y del mundo es la de cerrar todas las puertas a *[109]* las engañosas tentaciones de nuestro gran enemigo espiritual. No puede haber ningún compromiso con las formas de música degradante que han sido las herramientas de Satanás para corromper y destruir.

Se nos recuerda estas palabras de Jesús: "...pues lo que los hombres tienen por sublime, delante de Dios es abominación." (Lucas 16.15). A la luz de esta declaración deberíamos ser guardados contra aquella música que ha llegado a ser intensamente popular en el mundo. Solamente una profunda experiencia de amor por Cristo, de lo profundo del corazón, le dará poder a nuestra juventud para tomar una posición sin reservas contra estas cosas consideradas como "muy sublimes", pero que son realmente los mejores instrumentos de Satanás para engañar y seducir. *[110]*

Capítulo Once
Carne o no Carne

"Que ninguno de nuestros ministros presente un ejemplo malo en el consumo de carne. Vivan ellos y sus familias a la altura de la reforma pro salud" (Consejos sobre el Régimen Alimenticio, pág. 478).

Por más de cien años los adventistas del séptimo día han disfrutado de una enorme ventaja con respecto a la salud, y es la de tener consejo divino especial en el asunto de la nutrición y la dieta. Los resultados benéficos han sido documentados por veintenas de investigadores y escritores. Tenemos un promedio de vida cinco años más largo que los no adventistas en el estado de California.

Casi cada categoría de enfermedad degenerativa es menos prevaleciente entre nuestro pueblo que entre la población general. Esto a pesar del hecho de que la mayoría de nuestros miembros le presta atención sólo de oído a la abundancia de información inspirada sobre este asunto. He tratado de imaginar qué testimonio podría dar esta iglesia si cada adventista fuera un verdadero reformador de la salud.

Una de las contribuciones más valiosas y más singulares de los escritos del Espíritu de Profecía ha sido en el área de la dieta y la enfermedad. A través de varios años, durante los cuales, casi nada se dijo sobre el asunto de la nutrición, la señora White insistía que la alimentación de carne era una causa básica de enfermedad, incluyendo el cáncer. Escribió:

> "Continuamente sucede que la gente coma carne llena de gérmenes de tuberculosis y cáncer. Así se propagan estas enfermedades y otras también graves" (Ministerio de Curación, pág. 241). *[111]*

> "Si el comer carne fue alguna vez saludable, no lo es ahora. Los cánceres y tumores y las enfermedades pulmonares se deben mayormente a la costumbre de comer carne." (Consejos sobre la Salud, pág. 131).

Durante su vida la señora White tuvo muy poca oportunidad de ver vindicada su posición inspirada. Su contención de que el cáncer era causado por un germen, o virus, era completamente contraria a todas las opiniones médicas aceptadas de su época. Desde su muerte en 1915, investigaciones médicas intensivas han confirmado uno tras otro, los principios que ella introdujo. Hombres como el Dr. Clive McKay, nutricionista de fama mundial de Cornell University, afirmó que ella estaba muchos años más allá de su época en su entendimiento del asunto de la dieta. A menudo describía peligros para la salud, tales como el colesterol, mucho antes de que fueran descubiertos en los laboratorios de ciencia.

Uno de los desarrollos más recientes que apoya nuestra posición histórica, viene del Instituto Nacional del Cáncer. Bajo la acción del subcomité del Senado sobre Nutrición, la NCI distribuyó una declaración que promete una dirección nueva y completa en sus investigaciones básicas. He aquí la forma en que Science News del 13 de octubre de 1979, presentó el informe:

"Las recomendaciones de la NCI están basadas en los crecientes descubrimientos de las investigaciones realizadas de que la dieta puede ser una influencia en pro o en contra del cáncer. Por ejemplo, el cáncer del esófago y la laringe han sido relacionados con el abuso del alcohol, combinado con fumar. Una dieta abundante en grasas ha sido relacionada con el cáncer de los pechos, ovarios, próstata, intestino y recto. Una dieta rica en grasas no saturadas es aún más procarcinogénica, por lo menos en ratas, que una dieta abundante en grasas saturadas.

"En contraste, los adventistas del séptimo día, que tienen *[112]* una dieta baja en grasas, tienen solamente el 70% del riesgo de otros en el desarrollo de varias clases de cánceres. Una dieta abundante en fibra ha sido relacionada con bajo nivel de cáncer del colon. Una dieta vegetariana ha sido asociada con resistencia al cáncer del pecho".

Cuán desafortunado es que muchos adventistas del séptimo día esperen hasta que los investigadores mundanos anuncien las evidencias científicas para creer lo que ha sido dado por revelación. Como resultado, nuestro récord de salud no es tan impresionante como debería ser. A medida que las evidencias se amontonan indicando que la carne es un factor en el cáncer y otras enfermedades, más y más no adventistas están adoptando una dieta vegetariana.

Increíble, el gran grupo de adventistas del séptimo día comedor de carne parece ser el más difícil de impresionar. A pesar de páginas y libros de amonestaciones, consejos, y ruegos, miles de laicos y ministros continúan comiendo carne. ¿Hay algo ambiguo acerca del consejo de Dios sobre este asunto? No, nada. Casi parece que aquellos que se molestan ante el consejo han llegado a una seria crisis de credibilidad concerniente al Espíritu de Profecía. Si hay duda en algunas áreas de teología, las que son probadas en los "libros rojos", no hay absolutamente ninguna al tratar el asunto de la alimentación de carne. Considere declaraciones como éstas las cuales son representativas de cientos más, justamente igual a ellas:

> "El peligro de contraer una enfermedad aumenta diez veces al comer carne. Las facultades intelectuales, morales y físicas quedan perjudicadas por el consumo habitual de carne. El comer carne trastorna el organismo, anubla el intelecto y embota las sensibilidades morales" (Testimonios para la Iglesia, tomo 2, pág. 59).

"Ni un gramo de carne debiera entrar en nuestro estómago. *[113]* El consumo de carne es antinatural. Hemos de regresar al propósito original que Dios tenía en la creación del hombre" (Consejos sobre el Régimen Alimenticio, pág. 454).

"Muchos que ahora están sólo convertidos a medias a la cuestión del consumo de carne, se apartarán del pueblo de Dios y ya no andarán más con él. "Es mejor renunciar al nombre de cristiano antes que hacer profesión y al mismo tiempo complacer los apetitos que fortalecen las pasiones impías. Dios pide a cada miembro de iglesia que dedique su vida sin reservas al servicio del Señor. Pide que se lleve a cabo una reforma decidida" (Consejos sobre la Salud, págs. 577, 581).

"Una y otra vez se me ha mostrado que Dios está tratando de llevarnos de vuelta, paso a paso, hacia su plan original, es a saber, que el hombre subsista dependiendo de los productos naturales le la tierra. El consumo de carne será abandonado oportunamente entre los que esperan la venida del Señor; la carne dejará de formar parte de su régimen alimentario" (Maranatha, pág. 60).

"Los que están en situación de poder seguir un régimen vegetariano, pero prefieren seguir sus propias inclinaciones en este asunto, comiendo y bebiendo como quieren, irán descuidando gradualmente la instrucción que el Señor ha dado tocante a otras fases de la verdad presente, perderán su percepción de lo que es verdad..." (Testimonios para la Iglesia, tomo 9, págs. 125-126).

"El tema me ha sido presentado bajo diferentes aspectos. La mortalidad causada por el consumo de carne no se discierne; si se percibiera, no oiríamos más defensas y excusas en favor de la complacencia del apetito por la carne" (Consejos sobre el Régimen Alimenticio, pág. 468). *[114]*

Uno de los hechos más sorprendentes acerca de este consejo es la forma en que es rechazada por ministros y dirigentes de la iglesia. Con el tiempo de angustia a las mismas puertas y la grey literalmente hambrienta de dirección espiritual, hay pastores todavía que están haciendo fiesta sobre las ollas de carne de Egipto y haciendo al pueblo errar por sus propios ejemplos pervertidos. Aunque el comer carne en sí nunca ha sido señalado como un pecado por esta iglesia, ¿qué podemos decir acerca de los predicadores que no responden a consejos específicos como los siguientes?

"Que ninguno de nuestros ministros presente un ejemplo malo en el consumo de carne. Vivan ellos y sus familias a la altura de la reforma pro salud" (Consejos sobre el Régimen Alimenticio, pág. 478).

"¿Podemos tener confianza en ministros que, sentados en mesas donde se sirve carne, se unen con los demás para comerla?" (Consejos sobre el Régimen Alimenticio, pág. 481).

"¿Quiere cualquiera de los que son ministros del Evangelio y que proclaman la verdad más solemne que haya sido dada a los mortales, dar el ejemplo de volver a las ollas de Egipto? ¿Quieren los que son, sostenidos por el diezmo de la tesorería de Dios permitir que la gula envenene la corriente vital que fluye por sus venas? ¿Harán caso omiso de la luz y las amonestaciones que Dios les ha dado?" (Consejos sobre el Régimen Alimenticio, pág. 485).

La posición de los adventistas del séptimo día comedores de carne, se hace más insostenible cuando consideremos la evidencia física masiva que señala las fuentes de carne contaminada y enferma. Es más que nauseabundo leer los informes recientes de las inspecciones de las casas empacadoras donde se han descubierto las más vergonzosas violaciones de las *[115]* mínimas normas sanitarias. La Unión de Consumidores probó cientos de nuestras hamburguesas en la sección que suple a los comercios de venta al detal. La prueba identificó específicamente contaminación fecal, indicando a menudo un organismo productor de enfermedad. El resultado sorprendente de esta investigación fue publicado en la revista Consumer's Report (Informe del Consumidor) de Agosto de 1981.

La conclusión objetiva de esta prueba indicó que en el 73% de las muestras el conteo de bacterias coliformes era lo suficientemente alto como para causar enfermedad moderada. En vista del hecho de que las hamburguesas constituyen más de la mitad del consumo de carne en Estados Unidos, tenemos que creer que está envuelto un gran peligro para la salud, aún considerando solamente un manejo externo de la carne. La Unión de Consumidores estimó que casi un cuarto de las muestras de carne molida, lista ya para el consumo, habían empezado a podrirse en el comercio de venta a nivel del detallista.

Una inspección independiente realizada por la Oficina de Contabilidad del Gobierno (G.A.O.) en 68 plantas de preparar aves, encontró que las condiciones sanitarias eran inaceptables en la mayor parte de ellas. En más de la mitad de ellas el producto estaba contaminado con materia fecal, contenido del canal digestivo, bilis y plumas, ¿y qué acerca de la condición interna de las diferentes fuentes de carne? Millones de animales enfermos son tratados a través de las casas empacadoras, y vendidos a los consumidores americanos. Por lo menos 80 enfermedades son comunes a los animales, las que pueden ser transmitidas a otros animales y probablemente a los seres humanos también. Aún la inspección apropiada de las carnes no elimina el peligro de enfermedad, porque no es posible hacer examen microscópico en el procedimiento de inspección. A veces cortan las partes cancerosas del cuerpo muerto del animal y el resto lo venden para alimento. Obviamente el virus del cáncer se extiende a través de todo el cuerpo del animal. *[116]*

En las aves solamente se han identificado 26 enfermedades que son comunes al animal y al hombre. Virtualmente todos los pollos tienen virus de leucemia y los criadores de aves tienen seis veces más riesgo de morir de leucemia que los no criadores.

La carne es el medio perfecto para el crecimiento de la bacteria. La putrefacción comienza casi inmediatamente después de que el animal es sacrificado y progresa rápidamente. No hay manera de prevenir la descomposición. Cuando los efectos del deterioro se hacen evidentes por medio del color, el olor y el gusto, se le añade grandes cantidades de productos químicos para restaurar su apariencia.

Hágase el cuadro, si puede, de los efectos combinados de los desechos del animal, atrapados en la carne, mas los químicos añadidos a los alimentos para su crecimiento rápido, mas el factor de suciedad externa en la casa empacadora, mas las diversas inyecciones de preservativos cosméticos. ¿Qué tiene usted? Una fuente de proteína completamente inapropiada.

Pero, ¿qué puede decirse para impresionar a los adventistas del séptimo día quienes no han sido impresionados por las declaraciones evidentes de la inspiración? Los que son gobernados por el apetito, más bien que por principio, no serán más convencidos por los hechos científicos que por el consejo divino. A la luz de evidencia indiscutible, algunos todavía se alimentan de "perros calientes" que contienen una mixtura de orejas, patas, hocicos, ubres, sesos, vejigas, ojos, lenguas y sangre de los animales.

Finalmente, ¿qué vamos a hacer con la ley del Nuevo Testamento concerniente a comer sangre? Los dirigentes inspirados de la iglesia primitiva pasaron largas horas discutiendo los requerimientos básicos para la feligresía de los gentiles. Su conclusión se registra en Hechos 15:19 y 20, donde Jacobo habló *[117]* a todo el Concilio: "»Por lo cual yo juzgo que no se inquiete a los gentiles que se convierten a Dios".

¿Cómo puede alguien abstenerse de comer sangre cuando se alimenta de la variedad de animales muertos del mercado? La carne está llena de sangre algunas veces inyectada artificial mente para darle color saludable a una carne corrompida. Seguir las leyes bíblicas prescritas de escurrir toda la sangre del animal, dejaría la carne casi sin sabor. Pocos tienen la voluntad de negar su deseo por la sangre animal para cumplir los requerimientos de la palabra de Dios. Varias manipulaciones semánticas han sido ideadas para justificar el comer la sangre, pero la mayor parte de los cristianos carnívoros incómodamente se deslizan superficialmente sobre Hechos 15. Asumen que la ley del Nuevo Testamento debe referirse a tomar sangre, no a comerla en el animal. Pero esa no es la base para prohibir la sangre en el Antiguo Testamento. ¿Por qué sería diferente en Hechos? Esto es, seguramente, algo que los adventistas del séptimo día deben pesar cuidadosamente, especialmente a la luz del consejo adicional.

Sinceramente confío que los no adventistas del séptimo día que lean este libro presumirán burlarse de la posición tomada aquí. Algunos ministros me han dicho cómo han sido ridiculizados y evitados por sus compañeros ministros por no comer carne con ellos. Es suficientemente serio desobedecer el consejo de Dios, pero burlarse del mensaje divino y tratar de hacer a otros desobedecer debe aproximarse a la blasfemia abierta. La luz que tenemos sobre este asunto está más allá de la que fue revelada a la iglesia histórica del pasado.

Rechazar la luz es rechazar la obra del Espíritu Santo, que inspiró los escritos. Y aunque no podemos medir los grados de culpa en aquellos que no tienen luz sobre este asunto, no podemos estar sin culpa si nos jactamos del mensaje que es enviado de Dios para hacernos un pueblo santo y saludable. **[118]** Pastores, oficiales de iglesia y miembros deben arrepentirse delante de Dios por ignorar su voluntad revelada. Pecado es la violación deliberada de la verdad conocida, y esto hace a los adventistas del séptimo día, con su luz avanzada, más responsables delante de Dios. Al vivir y compartir la luz no solamente cosechamos beneficios espirituales para nosotros mismos, sino que llegamos a ser un sabor de vida para otros. **[119]**

Capítulo Doce
Las Comidas y los Principios

> *"El control del apetito es la victoria básica que se debe ganar, mediante el poder de Cristo, para redimir la trágica indulgencia de nuestros primeros padres. Nuestro Señor hizo frente a esta cuestión en la forma debida en el desierto.*

La Iglesia Adventista del Séptimo Día no es precisamente una iglesia más. Es un movimiento que se ha levantado cumpliendo la profecía para terminar la Reforma. Pero, ¿qué ha pasado con su programa de "reforma" en el cual una vez tocaba casi toda fase de la vida cristiana? La reforma en la dieta ha sido la marca de fábrica de la iglesia remanente desde sus más tempranos comienzos, pero ese brazo derecho ha sido deformado lentamente por haberse conformado gradualmente al apetito carnal.

En muchos casos los grandes principios gobernantes, basados en la cooperación con la ley natural, han sido lentamente diluidos y luego desechados. Las comidas adventistas de sociabilidad han llegado a ser casi sinónimos de complacencia propia. Excepto por la ausencia de la carne en las crujientes mesas, la camaradería después del sermón se ha asemejado a la misma montaña insalubre de dulces y especias que incitan al mundo a la glotonería.

El control del apetito es la victoria básica que se debe ganar, mediante el poder de Cristo, para redimir la trágica indulgencia de nuestros primeros padres. Nuestro Señor hizo frente a esta cuestión en la forma debida en el desierto. Por medio de la oración y la confianza en la Palabra de Dios, venció al tentador en el mismo punto en el cual el primer Adán falló miserablemente. Esta es la victoria que todo hijo de Adán debe obtener para que pueda salvarse.

¿Cómo es que el concepto original de la reforma pro-salud ha *[120]* llegado a ser tan distorsionado que los adventistas sólo pueden recordar que nosotros no comemos carne? ¿Qué ha pasado con los principios de ejercicio, combinaciones correctas, alimentos no refinados, poco azúcar y sal, no comer entre las comidas, granos integrales, no usar drogas, beber agua suficiente, y no comer demasiado? Cientos de miles creen y guardan el sábado, pero están actualmente cavando sus tumbas con sus dientes.

Casi imperceptiblemente se ha operado un cambio entre nuestro pueblo, acerca del cuidado de su cuerpo. No, no hemos olvidado los textos acerca del templo de Dios. Todavía nos enorgullecemos de que nos abstenemos del cerdo y de mariscos y, probablemente el 50% de los adventistas del séptimo día han dejado completamente la carne. Pero, esto no es el mensaje de la reforma pro-salud en su totalidad. En ninguna otra parte ha sido más efectivo el argumento de Satanás acerca de las cosas pequeñas. Por racionalizar sobre pequeñas transgresiones, el apetito ha fortalecido su poder sobre los cuerpos de los adventistas del séptimo día. La obesidad es tan prevaleciente entre nosotros como en el mundo.

Sería interesante llevar a cabo un estudio que pudiera decirnos la verdad concerniente al dominio propio. ¿Cuántos miembros de nuestra iglesia dicen realmente "no" a sus apetitos? ¿Se hallaría que la mayor parte de ellos comen justamente en la manera en que sus apetitos les dictan, sin ningún freno ni restricción? Tal vez usted podría parar de leer por un momento y responder estas preguntas para usted mismo. ¿Refrena y restringe su deseo de comer más de lo que necesita? ¿Es capaz de pasar de largo por la mesa de los postres con su peligrosa variedad de pastas y dulces? ¿Cuán a menudo cede a la tentación de comer bocaditos entre las comidas?

Muchos han minimizado estas cosas como si no tuvieran importancia, pero ellas son una parte considerable del gran conjunto de consejos inspirados que Dios ha dado a su iglesia. **[121]** Muchos libros, con cientos de páginas, han dramatizado la urgencia de obedecer las leyes de nuestro cuerpo tan cuidadosamente como las leyes de Dios. Una deliberada violación de las leyes básicas de la salud podría inhabilitarnos para el reino de Dios. ¿Es ésta una declaración demasiado fuerte? Mirémosla un poco más atentamente.

¿Por qué consideramos un pecado el uso del tabaco y del alcohol? Porque es dañino para el cuerpo y puede acortar la vida. La Biblia dice que Dios destruirá a aquellos que contaminan sus cuerpos (1 Corintios 3:16,17). PREGUNTA: ¿Puede usted acortar su vida por no hacer suficiente ejercicio? Verdaderamente, se ha demostrado por datos científicos que millares han muerto prematuramente de ataques al corazón que podrían haberse evitado. El fumar cigarrillos no es la única causa de los ataques al corazón y muerte prematura. ¿Significa esto que el rehusar hacer ejercicio suficiente podría ser tan erróneo como usar tabaco? Indudablemente lo es. Hasta que los adventistas del séptimo día paren de racionalizar estos principios tan claramente revelados, no podemos esperar evitar los efectos debilitantes de nuestra trasgresión.

Cuando hablamos acerca de extender el don de la vida, deberíamos entender que estamos tratando con asuntos espirituales. Tenemos la tendencia de sonreírnos acerca de los consejos inspirados tales como: " Nunca debe ingerirse alimento entre comidas" (Consejos sobre la Salud, pág. 117). Pero éste es un principio vital de buena salud. A menos que pongamos límites para proteger los delicados órganos de la digestión, nosotros también continuaremos experimentando la misma mala salud y desórdenes que han plagado la caída raza de Adán. Esfuerzos esporádicos de obediencia no son suficientes. El poder de la decisión debe ser despertado. Deben pelearse severas batallas con el yo, sin embargo la habitual conformidad con la clara y expresa voluntad de Dios, traerá su recompensa. *[122]*

A la luz de tantos consejos sobre este asunto, ¿cómo podemos explicarnos por qué más de la mitad de nuestro pueblo todavía se alimenta de cuerpos muertos de animales? La señora White escribió en Consejos sobre el Régimen Alimenticio: "Ni un gramo de carne debiera entrar en nuestro estómago" (pág. 454). "Los que usan carne desatienden todas las advertencias que Dios ha dado concerniente a esta cuestión. No tienen evidencia de que andan en sendas seguras" (pág. 458). "Los que esperan la venida del Señor con el tiempo eliminarán el consumo de carne; la carne dejará de formar parte de su régimen" (pág. 454).

Con el crecimiento extraordinario de la contaminación y el envenenamiento químico, difícilmente necesitaríamos tales páginas de instrucción específica para abandonar la dieta a base de carne. Algunas de las carnes más populares han sido analizadas y rechazadas por no alcanzar las más mínimas normas de salud. La revista Consumer Reports (Informes del Consumidor) hizo una extensa investigación acerca de las hamburguesas, y dio los resultados en agosto de 1971. "Un espantoso gran porcentaje de las hamburguesas que compramos estaban bien en camino a la putrefacción".

Ralph Nader, cuya organización hizo una prolongada investigación de frigoríficos, resumió sus hallazgos en hamburguesas y "perros calientes" en la revista Florida de noviembre de 1971:

> "Todas estas carnes procesadas constituyen una imaginativa innovación alimenticia; se usa a menudo como un montón manuable y provechoso que permite a los empacadores librarse de las sobras, de las carnes enfermas que están por debajo de las normas requeridas y de los desperdicios menos deseables. Todo lo que hacen es mezclar todas estas sobras inferiores con colorantes y condimentos y luego colocarlos al mercado para vender este producto al público confiado. Las evidencias de la corte han mostrado que *[123]* carne contaminada, carne de caballo, y carne de animales enfermos que originalmente fue destinada para ser alimento de perros y gatos ha sido cortada para hamburguesas o salchichas, mientras que los pulmones, los globos de los ojos, la sangre de cerdo y los cueros picados son mezclados para "perros calientes" y carnes para la merienda".

> "Para reducir el mal olor y el gusto desagradables, estas carnes son impregnadas con sulfito, un aditivo ilegal que le da a las carnes viejas y podridas un color rosa saludable. Siendo que la carne que se usa es a menudo sucia, frecuentemente se usan detergentes para quitarle la suciedad, y, para aumentar las ganancias, se añaden las llamadas ligas (generalmente cereales, pero ocasionalmente aserrín) para mantener los pedazos de carne unidos".

Tal vez debería decir una palabra acerca del consumo de azúcar por los adventistas. Recientes descubrimientos médicos han confirmado las declaraciones del Espíritu de Profecía con respecto a los efectos perjudiciales del azúcar en el cuerpo humano. Pero, como un pueblo, ¿consumimos menos que el término medio nacional de 1 02 libras por año? De las escenas vistas alrededor de las mesas de comida del sábado, parecería que no. El término medio de consumo diario es de 32 cucharaditas. Una porción de pastel de manzana tiene ocho cucharaditas de azúcar y una botella de "root beer" (cerveza de baja graduación alcohólica hecha de raíces) tiene diez cucharaditas. Esto es más de la mitad del término medio diario. Una porción de helados "banana split" (helado con tajaditas de banano) contiene 25 cucharaditas de azúcar, créalo o no. No, nosotros probablemente estamos cargando nuestros cuerpos tan efectivamente, y mucho más deliberadamente, que la mayor parte de los no adventistas. El exceso de azúcar en dulces de variadas clases está comúnmente asociado con la obesidad, la diabetes, la hipoglicemia, enfermedades del corazón y artritis. *[124]*

Parecería casi innecesario amonestar a los adventistas acerca del uso de las bebidas cafeinadas, pues estamos viviendo en la época de los compromisos sutiles con el mundo. Por extraño que parezca este primo de la nicotina, se ha metido lentamente en las despensas de muchos adventistas del séptimo día. La antigua filosofía de Lot, "¿no es ella pequeña?", ha justificado el uso de "un poquito más" y "un poquito más".

Comenzando con el grupo de las de 3%, el gusto y la afición a la cafeína se han fomentado hasta que el hábito se ha arraigado.

¿Cuál es el consejo de Dios a este respecto? "El beber té y café es un pecado, una complacencia dañina, que, a semejanza de otros males, perjudica el alma" (Consejos Sobre el Régimen Alimenticio, pág. 511.) De este consejo podemos deducir que el café descafeinado es sólo 3% pecado, pero, podría ser más que eso. El hecho es que si pudiéramos sacarle al café toda la cafeína, la bebida sería todavía sumamente perjudicial. Aparte de la cafeína, el café contiene cafetol, un aceite volátil que la da al café el gusto y el aroma característicos. Es el cafetol el que le hace más daño al estómago que la cafeína. En una entrevista publicada en la revista U.S. News and World Report, el Dr. Joseph F. Montague, una autoridad en desórdenes intestinales, hizo esta declaración acerca del cafetol: "Si usted toma por un minuto, verá el aceite flotar en la superficie y luego girando alrededor. Este aceite es muy irritante para el estómago y para el duodeno, y a mi parecer produce más irritación y más favorables condiciones para las úlceras que cualquier otra cosa que la gente come. Cuando una persona toma este café en la mañana, queda animada. Pero en realidad simplemente ajusta el tornillo que sostiene la cuerda de la tensión nerviosa". (USN & WR, 26 de Febrero de 1968)

Las bebidas llamadas cola han sido permitidas por la ley conteniendo algo de cafeína, pero no más que cerca de 50 miligramos por cada botella de diez onzas. La Coca-Cola deriva su sabor de la hoja de coca, mientras que otras bebidas de cola se *[125]* hacen de la nuez de Kola. Por favor, note que la hoja de coca es la única fuente de cocaína, una de las drogas más potentes, cuyo uso medicinal está severamente limitado y supervisado. La compañía asegura que toda la cocaína ha sido extraída, pero los repetidos esfuerzos para comprobar la efectividad de tal proceso han sido vanos.

Mucha gente no está informada que la bebida Dr. Pepper es también cafeína, conteniendo un poquito más cafeína que la Coca-Cola. No solamente los informes de la Food and Drugs Administration (Administración de Drogas y Alimentos) ha confirmado esto, sino que el jarabe Dr. Pepper distribuido en las fuentes de soda está claramente rotulado como que contiene cafeína. Gran número de adventistas del séptimo día, algunos a sabiendas y otros por ignorancia continúan consumiendo esa bebida, la cual posiblemente es más dañina que la peor de las bebidas llamadas cola.

Ciertamente ha llegado el tiempo de echar fuera esta capa de compromiso con el mundo y seguir con firmeza la gran norma de la verdad que ha sido entregada a esta iglesia. El reavivamiento y la lluvia tardía están esperando a aquellos que quieran permanecer firmes del lado de la obediencia indivisa, una obediencia que tiene sus raíces en una entrega total, espiritual y personal a nuestro Señor Jesucristo. *[126]*

Capítulo Trece
Echando a Perder su Testimonio

> *"No tenemos un mensaje ordinario. Nuestra doctrina es conmovedora, constituida por principios que cambian la vida y que han sido tomados directamente de la Biblia.*

Supongamos que una computadora gigantesca podría llevar un fiel registro de todos nuestros pensamientos y también de todas nuestras palabras. ¿Nos gustaría ver los resultados expuestos delante de nosotros? Probablemente sería una horrible experiencia el ver la evidencia concreta de lo que consideramos los más importantes asuntos en la vida. ¿Sobre qué pensamos más? ¿Qué asunto es tan importante para nosotros, tan querido para nuestros corazones que hablamos más que de cualquier otro tópico? A la mayoría de nosotros, como cristianos, nos gustaría creer que el informe de la computadora revelara pensamientos y palabras acerca de Jesús y su gloriosa venida, por encima de todos los demás asuntos.

Ciertamente nuestra entrega espiritual debería tener prioridad sobre todo competidor terrenal que pretenda tomar nuestro tiempo y atención, incluyendo aun la familia y el trabajo. La relación personal con Jesús debe ser el objeto supremo en la vida de cada cristiano en forma absoluta e incondicional. Jesucristo nos enseñó que debemos amarlo más que al padre y a la madre, más que al esposo o a la esposa, más que al hijo o a la hija. Él dijo también: "Así, pues, cualquiera de vosotros que no renuncie a todo lo que posee, no puede ser mi discípulo." (Lucas 14:33). ¡Hablad de prioridades! Cualquier cosa que se interponga en el camino del servicio a Cristo debería ser puesta fuera inmediatamente. Cualquiera que pretenda competir con Dios por el lugar preferente en nuestros afectos, deberíamos negarle instantáneamente tal posición.

[127]

Obviamente entonces, el foco de los afectos de cada cristiano debería estar sobre las cosas espirituales. Cada aspecto de su vida debería girar alrededor del gran centro: servicio a Dios y darlo a conocer a otros. Esto no significa que la mayor parte de nuestro tiempo deberíamos pasarlo en la iglesia. Tampoco quiere decir que debemos estar sobre nuestras rodillas la mayor parte del día. El hecho es que la familia, la profesión y los amigos ocuparán la mayor parte de las horas de vigilia de cada semana. Pero la centralidad de Cristo en la vida significa para el esparcimiento con la familia y la asociación con los amigos, que debemos estar compenetrados con el dulce Espíritu de un Salvador siempre presente como un huésped en nuestro corazón.

No son muchos los cristianos que pueden predicar sermones o dar estudios bíblicos, pero todos pueden predicar poderosos sermones, simplemente viviendo los hermosos principios de la verdad bíblica. En lo relativo a los talentos, educación o profesión, todo adventista del séptimo día debería ser un testigo ganador de almas por medio de su vida obediente.

No tenemos un mensaje ordinario. Nuestra doctrina es conmovedora, constituida por principios que cambian la vida y que han sido tomados directamente de la Biblia. Podemos citar el ejemplo de Jesús y los apóstoles para todas las normas de conducta sostenidas por esta iglesia. Somos el "remanente", o sea, la pieza de la última parte de la iglesia del Nuevo Testamento. Por eso es que guardamos el sábado, precisamente como ellos lo hacían. Comemos y bebemos para gloria de Dios, absteniéndonos de todo alimento dañino. Así lo hicieron los apóstoles.

Estando llenos de amor y deseando no correr el riesgo de desagradar a nuestro Salvador, obedecemos los mandatos de las Sagradas Escrituras contra los adornos mundanos y los vanos atavíos. El servicio del lavamiento de los pies es propio de nuestra adoración, pero fue dado por el ejemplo del mismo Jesús. *[128]* Nuestro estilo distintivo de vida toca toda fase de nuestra conducta diaria. Todo está envuelto con nuestra religión y con nuestra consagración espiritual.

Cristo viene muy pronto. Estos momentos finales de prueba nos preparan para encontramos con él. Otros tal vez no podrán creer esto, pero nosotros sabemos que es la verdad. No hay tiempo que perder en las vanidades de la televisión, el baile, el teatro y los placeres mundanos. Por el poder de una vida consistente y santa debemos sacar a otros de la vacío del materialismo. Satanás casi tiene en sus manos a este corrompido planeta. Aun la religión popular ha sido infiltrada y manipulada por él.

Un puñado de inflexibles resiste contra el maligno; y es la iglesia remanente. Jamás reposó una responsabilidad más pesada sobre un pueblo que la que descansa sobre aquellos que representan el mensaje de amonestación final de la verdad para esta generación. Somos sabor de vida o muerte para las multitudes que vacilan en el valle de la decisión. Debemos persuadir a cada alma a unirse a nosotros para obedecer este mensaje, de lo contrario, recibirá la marca de la bestia.

Todo lo que hagamos influirá sobre las personas con quienes nos relacionemos para hacer su decisión a favor o en contra de la verdad. ¿Qué les dicen nuestras palabras, acciones, vestidos y dieta, a aquellos cuyo único sermón será lo que vean en nosotros? Muchos estarán convencidos de la verdad, pero también estarán buscando alguna excusa para no obedecer a las demandas impopulares de ésta.

Ya sea que nos agrade la idea o no, nuestras vidas estarán expuestas al más cuidadoso escrutinio. Medio convencidos a seguir adelante por fe para obedecer la Palabra de Dios, muchos mirarán a nosotros esperando ánimo y coraje. Algunos estarán luchando sobre la cuestión del sábado. El negocio de la familia **[129]** tendrá que ser cerrado el sábado, si es que deciden ser bautizados. Necesitan saber que es del todo importante honrar al Señor del sábado guardando su santo día. ¿Qué verán en nosotros? ¿Les mostrará su manera de guardar el sábado ahora mismo, el gozo de poner a Cristo en primer lugar? ¿O le verán comiendo en un restaurante en el día sábado, haciéndoles preguntarse si será realmente tan importante cerrar sus propios negocios el sábado? Si están recibiendo la idea de que el sábado es solamente un día festivo y no un día santo, harán una decisión rápida para permanecer precisamente donde están. Si la observancia del sábado es exactamente igual a la observancia del domingo, entonces podrían justificar el mantener a sus empleados en el trabajo ese día.

Algunas almas concienzudas estarán luchando con el problema de abandonar el uso de las carnes inmundas. Convencidos plenamente de que el cuerpo es el templo de Dios, buscan en la iglesia la fortaleza necesaria para romper el hábito. ¿Y qué es lo que ven? Les diré lo que una persona vio. Lo sé, porque sucedió precisamente dos semanas antes de escribir estas líneas en una de mis campañas. Una joven madre había hecho su decisión para recibir el bautismo. Pocos días antes de su bautismo fue invitada al hogar de una dama adventista del séptimo día. Mientras estaba allí se le ofreció una taza de café. Hacía solamente una semana que había sufrido un trauma severo: había roto el hábito de toda su vida de tomar café. Aunque le explicó esto a su nueva amiga adventista, todavía se le urgió a seguir adelante y tomar el café. Se mantuvo en su posición, pero al día siguiente vino a mí con algunas preguntas que me fueron difíciles de contestar. Desafortunadamente, la señora no siguió adelante con su bautismo, y no lo ha hecho hasta el momento de escribir estas líneas. Tomar café no parece una cosa tan pequeña cuando influye para que una persona haga su decisión en contra de la obediencia a la verdad. Las normas cristianas están muy ligadas con el testimonio cristiano de que las cosas pequeñas no tienen *[130]* importancia.

Cada dama que entra a la iglesia remanente pasa por la angustiosa experiencia de hacer su decisión acerca del maquillaje y las joyas. No es fácil cambiar las costumbres del tiempo y la tradición, especialmente cuando están arraigadas en la vanidad femenina. La moda es esclavizadora. Algunas veces los esposos se oponen a todo lo que la nueva religión está haciendo en sus esposas, y cuando ellas se quitan el anillo de matrimonio con los otros ornamentos se precipita una verdadera crisis en la familia. Convencidas por la Palabra de Dios, estas damas deciden poner a Dios en primer lugar y aceptan el desafío de Pedro de ganar a sus esposos incrédulos quitándose sus adornos (1 Pedro 3:1-3) Entonces miran alrededor de la iglesia en busca de apoyo y aprobación. ¿Qué ven? No solamente una lluvia de anillos de matrimonio, sino un centelleo de prendedores, alfileres y joyas de moda. ¿Son ellas animadas? Sí, son animadas a seguir usando el anillo de matrimonio; y si los anillos simbólicos son aceptables, entonces los anillos de graduación, los anillos con las gemas del mes en que se nace, los anillos de compromiso, los anillos de amistad, son todos aceptables también. Y tal vez aun los aretes sentimentales que la abuela pasó en herencia como un recuerdo.

¿Estamos hablando de cosas prácticas? ¿Han sucedido realmente? Ciertamente que sí, y muchos están abandonando la verdad porque los miembros de la iglesia no están viviendo lo que predican. Algunas damas son devotas de la moda y encuentran que es duro abandonar las vanidades del mundo. Ven suficientes cabellos pintados, pelucas y adornos artificiales en la iglesia como para confirmarlos en su propio orgullo mundanal. Sus interrogaciones acerca del uso de pantalones son pronto contestadas cuando los ven caminando en el santuario el sábado de mañana y miércoles de noche.

El problema es que nadie puede jamás obtener la victoria sobre un enemigo al cual admira en lo íntimo. Muchas hermanas *[131]* en la iglesia tienen un amor secreto al mundo y por eso jamás han podido obtener la victoria contra el pecaminoso orgullo y la mundanalidad. Hasta que ellas aprendan a amar a Jesús supremamente y están dispuestas a negarse a sí mismas, continuarán siendo piedras de tropiezo para otros.

¿Qué tendrá que suceder para despertar y reavivar a la iglesia en estos asuntos fundamentales de la vida cristiana? ¿Cómo podemos conseguir que los miembros de iglesia se sientan excitados con respecto a la verdad, de tal manera que ésta llene sus vidas? Cuando hay una serie de reuniones evangelísticas todos los miembros deberían estar presentes, ansiosos y entusiasmados por la oportunidad que tienen de compartir la verdad. Trágicamente, sólo unos pocos fieles miembros de iglesia apoyan las reuniones noche tras noche a medida que la verdad es presentada. He visto a hombres de aspecto refinado haciendo sus decisiones para unirse a la iglesia. Más tarde son invitados a los hogares de los diáconos y ancianos que sólo dan un apoyo aparente a las reuniones evangelísticas. Pero en esos hogares el nuevo miembro es invitado a pasar una tarde mirando un juego de pelota en la televisión. Allí el dirigente de iglesia finalmente se siente excitado, pero, ¡ay! está frente al excesivo fanatismo de un equipo tratando de vencer y humillar al otro equipo. Con aclamaciones y excitación incontrolada se sienta por horas, completamente absorto en una actividad que es la verdadera antítesis de todo lo que Jesús ejemplificó y enseñó. El diácono conoce todos los promedios del batear y los puntajes de la liga, pero se sentará el próximo sábado en la iglesia medio dormido y no sabrá ni siquiera una simple respuesta de la lección de la Escuela Sabática. Probablemente dará su blanco de recolección y prestará un servicio sólo de labios a los planes de las actividades misioneras para la distribución de literatura, pero el interés de su vida no está en la obra de Dios. Como la señora de Lot, está atado a las cosas de este mundo, y todas las funciones de su estereotipada plataforma religiosa no cambiarán la sentencia de **[132]** muerte dictada contra él.

Hasta que ese hombre llegue a hablar más acerca de la ganancia de almas que del juego de pelota no puede haber esperanza para su salvación. Esta es la razón por la cual la gran mayoría en la iglesia será zarandeada. Poco a poco, han permitido que el mundo debilite su experiencia, seguido por la pérdida de las normas cristianas. Finalmente sólo queda una forma muerta, una forma que se desmenuzará rápidamente bajo la tensión del tiempo de prueba.

Después que pasó el juego de pelota no será difícil imaginar a nuestro nuevo miembro preguntando a su anfitrión adventista acerca del correcto proceder en cuanto al diezmo. Siendo un hombre de negocios tiene una idea un poquito equivocada acerca de lo que es una ganancia bruta y pago neto. También, ¿qué acerca de las ofrendas además del diezmo? ¿Puede la gente realmente dar más del diez por ciento de sus entradas? Ha sido un paso de fe tremendo para este hombre hacer su decisión para el bautismo a causa de una crisis financiera en sus negocios que le ha parecido una locura comenzar a diezmar. Ahora siente la necesidad de reafirmación de parte de un dirigente de la iglesia quien debe ser capaz de confirmar las promesas de la Biblia.

Sería bien que el diácono diera un testimonio conmovedor del milagro de la gracia divina en favor de aquellos que son fieles mayordomos. Siendo uno de los oficiales de la iglesia, podría ser uno de los del 51 % que son fieles diezmadores. Increíblemente hay un sector que constituye el 49% de nuestra feligresía mundial que no devuelve el diezmo al Señor. Tal vez algunos no tengan ingresos, pero muchos literalmente están robando a Dios cada semana, al apropiarse del santo diezmo. Con este hecho delante de nosotros es fácil de comprender cómo esa gran mayoría del pueblo de Dios ha de ser zarandeada en el tiempo de prueba.

Tal vez más adventistas se perderán por causa del asunto del dinero que por cualquier otro factor. Esto puede explicar por qué Jesús tuvo tanto que decir acerca de la mayordomía. En estos días *[133]* de abundancia materialista parecería lógico para Satanás concentrarse en este proyecto. Hay un egoísmo innato dentro del corazón carnal del hombre del cual Satanás está sacando ventaja en la actualidad.

¿No es acaso un arreglo razonable y sumamente ventajoso para una persona que cultiva la tierra conservar para sí el 90% de la cosecha y entregar sólo el 10% al propietario de la tierra? Todas las cosas que pasan por nuestras manos pertenecen a Dios y sólo él nos permite usarlas. Cuán bueno y misericordioso es al pedirnos sólo la décima parte, la cual destina a su vez para la predicación del evangelio.

Las promesas que el Señor hace a los fieles dadores ¿significan realmente lo que quieren decir? ¿Responderá Dios al devorador? ¿Y qué acerca de dar más allá del diezmo? Jesús dice: "Dad y se os dará; medida buena, apretada, remecida y rebosando..." (Lucas 6.38). En otras palabras, no podemos exceder al Señor. No importa cuán extremadamente extendamos nuestra fe y tratemos de dar una cantidad con sacrificio, ésta viene siempre de vuelta en alguna manera.

Las promesas de Dios no pueden fallar. La mayoría de la gente sufre de "proteccionitis" de sus carteras. Ya sea que tengan mucho o poco, hay una tendencia a empuñarlo fuertemente y a procurar obtener más, más y más. Jesús indicó que pocos hombres ricos entrarán en el cielo. Esto no es porque el tener dinero o propiedades es pecado. Algunos ricos son cristianos dedicados y se salvarán. Hay realmente sólo dos clases de ricos: aquellos que se han hecho ricos por sí mismos y aquellos a quienes Dios los ha hecho ricos. Por dar liberalmente algunos han atraído sobre sí las sobreabundantes bendiciones de las promesas de la Biblia. Siempre están derramando y Dios también está derramándoles de vuelta en gran medida. *[134]*

Algunos podrán objetar y decir: "Eso no tiene sentido. Hay solamente una suma de dinero que manejar y puede ir sólo hasta cierto punto". Los que levantan tales objeciones están sinceramente perplejos porque no han experimentado que el Señor cumple sus promesas, y les parece presuntuoso o razonable. Podemos explicar precisamente cómo los panes y los peces alimentaron a la multitud en la misma forma como entendemos que dando más, obtenemos más. Pero los que han caminado por fe para hacerlo, saben que esto sucede. No procuran explicarlo. Eso no funciona en el papel, pero cuanto más dan al Señor mucho mejor llegan a estar financieramente.

Nunca olvidaré el desafío de un amigo hace algunos años de poner a Dios a prueba. El estaba dando el 25% de sus entradas a Dios y había prosperado tremendamente. Mi señora y yo decidimos probar a Dios y ver si cumplía o no su palabra. Iniciamos un plan de dar con gran sacrificio, pero todavía teníamos que aprender por experiencia lo que es sacrificio. Gradualmente aumentamos nuestras ofrendas del 25%, al 30%, al 35% y casi al 40% en un año, y sin embargo se incrementaron nuestras bendiciones materiales en la medida que nuestra fe crecía. Cuán agradecidos estuvimos de que alguien nos hubiera instado a poner a prueba las promesas de Dios. Y ahora nos sentimos apesadumbrados por aquellos que no han experimentado la emoción de ver a Dios hacer lo imposible al multiplicar los panes.

En millares de ciudades grandes y pequeñas, alrededor del mundo, la obra de Dios languidece por falta de medios económicos. Éste debería ser el más pequeño problema que tuviera que encarar la iglesia remanente de esta época, pues, Dios ha dado a su pueblo los medios necesarios para terminar su obra. ¡Qué cuenta tendremos que dar algún día si retenemos el dinero y la propiedad hasta que pierda su valor! Ahora todavía puede ser usado para preparar almas para el reino. Jesús instó a su pueblo a *[135]* colocar sus tesoros en el cielo, usándolos, no conservándolos para el orín y el moho. Millones de pesos han sido dejados en herencia a hijos impíos, por padres adventistas que deberían haber sabido que ese dinero iba a ser usado para hacer avanzar la causa del diablo en vez de la causa de la verdad. Ese dinero podría haber apresurado la venida de Jesús y la restauración de todas las cosas.

Jesús habló del "engaño de las riquezas" en Mateo 13:22. ¿Involucrará este engaño a los adventistas del séptimo día que tienen el plan de colocar algún día su propiedad sobre el altar para Dios? Muchos ahora mismo están esperando que pase la última oportunidad en la cual sus riquezas acumuladas podrían utilizarse para la causa de Dios. Contra un registro miserable de sus donaciones, viven en lujosa comodidad. Cuán ciertas son las palabras de Cristo: "porque donde esté vuestro tesoro, allí estará también vuestro corazón." (Mateo 6:21). Cuando el dinero ha sido invertido en la obra de Dios, el corazón del dador también queda atado a la obra. Estos son los únicos que, por excepción, no serán engañados por las riquezas de este siglo, pero que tendrán tesoros en los cielos. *[136]*

Capítulo Catorce
Amor o Legalismo

> *Si Dios está interesado en la manifestación de amor en sus hijos, entonces estará vigilando con gran interés para ver cómo responden a cada pequeña revelación de su voluntad.*

El centro de este libro ha girado sobre cosas pequeñas y cómo Satanás corroe las altas normas espirituales del pueblo de Dios. Hemos analizado los moldes sicológicos de los compromisos graduales por los cuales el poder y el efecto de la verdad han sido diluidos. Algunos podrían sugerir que estamos magnificando las cosas pequeñas, y que esta preocupación sobre asuntos triviales sólo nos aparta de los objetos importantes. Ellos desconfían que el Dios que creó el universo no podría estar siquiera ligeramente interesado en los detalles de la conducta individual de los seres humanos. Calificarían esta cuestión como legalismo. Pero, ¿es legalismo, o amor?

Aun cuando cada pequeña degradación de las normas no nos llevará a una gran separación de la verdad, hay otra razón importante para ser escrupuloso acerca de las más pequeñas desviaciones de la voluntad de Dios. El cristianismo no está basado sobre prohibiciones y reglas, ni siquiera sobre las tan altamente estimadas reglas escritas por la mano de Dios que constituyen los Diez Mandamientos. De hecho, el cristianismo está basado sobre una relación de amor con una persona: Cristo Jesús. Las bases fundamentales de la verdadera vida cristiana están resumidas en los dos grandes mandamientos que Cristo dio:

> "'Amarás al Señor tu Dios con todo tu corazón, con toda tu alma y con toda tu mente'. Este es el primero y grande mandamiento. Y el segundo es semejante: 'Amarás a tu prójimo como a ti mismo'. De estos dos mandamientos dependen toda la Ley y los Profetas." (Mateo 22.37-40). *[137]*

Todos los escritores de la Biblia dejan bien claro que esto es lo que constituye realmente el cristianismo. El tema del amor está entretejido a través del Antiguo y el Nuevo Testamento, y el resultado de este amor son las obras de obediencia. Jesús dijo: "Si me amáis, guardad mis mandamientos" (Juan 14:15). El amado Juan escribió: "pues este es el amor a Dios: que guardemos sus mandamientos; y sus mandamientos no son gravosos," (1 Juan 5.3).

Aun el amor humano encuentra que es fácil hacer algo para agradar a aquél que es el único objeto de su afecto. Las novias y novios no cuentan como gravoso deber, el hacerse felices el uno al otro y no cumplen sus votos porque las leyes del estado lo requieren con castigo, multa o prisión. De hecho, hacen mucho más el uno por el otro, que lo que la ley demanda, justamente porque se aman profundamente. El realizar alguna pequeña cosa que sea posible para la felicidad del otro llega a ser un motivo de gozo.

Es en el terreno de las pequeñas atenciones donde se revela el verdadero amor. Juan dice: "y cualquiera cosa que pidamos la recibiremos de él, porque guardamos sus mandamientos y hacemos las cosas que son agradables delante de él." (1 Juan 3:22). El cristiano no obedecerá meramente los requerimientos exteriores de los diez mandamientos, sino que tratará de hacer todo lo que agrada a Dios. Esto incluye el escudriñamiento de las Escrituras para conocer las indicaciones de su voluntad, para no correr el riesgo de hacer algo que desagrade a Dios. El amor genuino estará siempre dando la ventaja en vez de tomarla.

Si Dios está interesado en la manifestación de amor en sus hijos, entonces estará vigilando con gran interés para ver cómo responden a cada pequeña revelación de su voluntad. Puede muy bien ser que la más grande prueba de una verdadera devoción a Dios sea el grado de una conformidad voluntaria a las indicaciones de Dios, esparcidas a través de toda la Biblia, de *[138]* pequeñas cosas que le agradan. Y en vez de ser contadas como legalismo, aquellas acciones podrían ser contadas en el juicio como las mejores pruebas de amor desinteresado.

Quiera el Señor ayudarnos a escudriñar las Escrituras diariamente para descubrir cómo conocer su voluntad en cuanto a nuestras comidas, bebidas, vestidos, conversación y también en lo que miramos. Entonces, que podamos tener ese amor que se sujeta alegremente a los deseos de Dios, para nuestra manera diaria de vivir la vida cristiana. Cualquier cosa que pienses, nunca pienses en aquello Que te hiciera avergonzar ante la presencia de Dios;

> Cualquier cosa que hables, ya sea en susurro o en alta voz, No digas nada que no quisieras que Jesús escuche.

> Cualquier cosa que leas, aunque sea cautivante No leas nada de lo cual no estés perfectamente seguro, Pues consternación se dejaría ver en tu semblante, Si solemnemente el Señor te dijera: "Permíteme ver ese libro"

> Cualquier cosa que escribas, con prisa o con cuidado, No escribas nada que no quisieras que Jesús leyera. Cualquier cosa que cantes en medio de tu gozo, No cantes nada que al Señor no pudiera agradar.

> Dondequiera que vayas, nunca vayas donde sientas temor, No sea que, "¿Cómo viniste aquí?", te pregunte el gran Dios. Todo placer abandona, del que quisieras librarte Si Dios mirara abajo y "¿Qué estás haciendo?" te dijera.

> Cualquier ropa que vistas, que puedas tener la seguridad Que sólo sentimientos inocentes y puros puedan despertar, **[139]** ¿Podría estar tu rostro sin sonrojarse y tu conciencia limpia Si abrieras tu ropero en compañía de Jesús?

Cuando pienses, cuando hables, cuando leas o escribas,
Cuando cantes, cuando camines, cuando busques el placer,
Estando en casa o lejos fuera de ella, guárdate del mal. Vive siempre como si estuvieras ante la mirada del Señor.

www.ingramcontent.com/pod-product-compliance
Lightning Source LLC
Chambersburg PA
CBHW070600010526
44118CB00012B/1395